LE GUIDE DE LA FEMME HEUREUSE

LOUISE L. HAY

LE GUIDE DE LA FEMME HEUREUSE

Guy Trédaniel éditeur
19, rue Saint-Séverin
75005 Paris

De Louise L. Hay, chez le même éditeur :

- Tout va bien !
- Vous pouvez vous créer une vie exceptionnelle
- D'accord avec ton corps de A à Z
- Couleurs et nombres
- Petits miracles de la vie
- Semez du positif en vous
- Les pensées du cœur
- Transformez votre vie
- D'accord avec ton corps
- Cahier pratique pour transformer votre vie

Éditeur : Guillaume Trédaniel
Traduction : Diane Thivierge
Révision linguistique : Féminin Pluriel
Correction d'épreuves : Nancy Coulombe, Carine Paradis
Montage de la couverture : Matthieu Fortin
Photo de la couverture : © Thinkstock
Mise en pages : Sébastien Michaud

Titre original anglais : EMPOWERING WOMEN

ISBN : 978-28132-0670-1

Note de l'éditeur :
La traduction de cet ouvrage a été réalisée par un traducteur Québécois.
Par respect du droit de la propriété intellectuelle, nous avons pris le parti de laisser les termes propres à la traduction originale.

www.http://www.facebook.com/editions.tredaniel
www.editions-tredaniel.com
info@guytredaniel.fr

⁕ Table des matières ⁕

✳ ✳ ✳

L'heure est venue où les
femmes doivent faire tomber
le mur de l'autolimitation.
Vous pouvez être bien plus
que tout ce que vous pourriez
imaginer dans vos rêves les
plus fous.

✳ ✳ ✳

✳ Préambule ✳

Ce livre, conçu pour aider les femmes à développer leur véritable potentiel, contient du vieux et du nouveau. Vous y trouverez quelques-unes des idées tirées de mes livres précédents, mais surtout beaucoup de nouveau matériel. En revisitant les notions de base et en les enrichissant, nous obtenons un solide tremplin pour l'avenir. Que les femmes assument leur pouvoir est ce qui peut arriver de mieux à la planète. Lorsque les femmes sont réprimées, tout le monde y perd. Lorsqu'elles gagnent, tout le monde y gagne.

– Louise L. Hay

« Lorsque l'on crée du neuf, on obtient de bien meilleurs résultats si l'on s'efforce consciemment de "compléter" l'ancien en même temps qu'on imagine le nouveau. »
— Dre Christiane Northrup

Introduction

En premier lieu, n'oubliez pas que les enseignants ne sont que des jalons sur le chemin du développement personnel. Je suis une enseignante. Je ne suis pas guérisseuse ; je ne guéris personne. Je partage ici quelques idées afin de vous aider à assumer votre pouvoir de femme. Je vous encourage à lire plusieurs ouvrages et à étudier auprès de plusieurs maîtres, car aucune personne, aucune méthode ne peut à elle seule tout vous enseigner. La Vie couvre bien trop d'aspects pour que nous puissions en saisir toutes les nuances, d'autant plus qu'elle ne cesse de croître et de s'étendre, et de se rapprocher de sa véritable nature. Tirez donc le meilleur de ce livre, absorbez-le, utilisez-le et tournez-vous vers d'autres enseignants. Ne cessez jamais d'élargir et d'approfondir votre propre compréhension de la Vie.

Toutes les femmes, y compris vous et moi, ont été couvertes de honte et blâmées pour une chose ou une autre, et ce, depuis l'enfance. Nous avons été programmées par nos parents et par la société pour penser et nous comporter d'une certaine manière — être une femme, avec toutes les règles et frustrations liées à notre condition de femme. Certaines femmes sont très satisfaites de ce rôle. Beaucoup ne le sont pas.

La Vie vient par vagues ; les phases d'apprentissage alternent avec les périodes d'évolution. Nous sommes en ce moment au cœur d'une période d'évolution merveilleuse. Les femmes ont longtemps vécu totalement assujetties aux caprices et aux croyances des hommes. On nous disait ce que nous pouvions faire, quand et comment le faire. Je me souviens qu'enfant, on m'a appris à marcher deux pas derrière les hommes, à les admirer et à demander : « À quoi est-ce que je pense et qu'est-ce que je fais ? » On ne m'a jamais vraiment dit cela comme tel, mais j'observais ma mère, et elle se conduisait ainsi. J'ai donc suivi son exemple. Par son éducation, elle a appris à être entièrement soumise à l'homme ; elle considérait l'abus comme normal, et moi de même. C'est un exemple parfait de la manière dont les schèmes de comportement se transmettent. Nous acceptons et reproduisons les comportements et les croyances de nos parents.

Il m'a fallu beaucoup de temps pour réaliser qu'un tel comportement n'était pas normal et ne correspondait pas à ce que je méritais en tant que femme. J'ai modifié peu à peu mes propres croyances — ma conscience. J'ai commencé à développer un respect de soi et une estime de soi. Parallèlement, mon univers a changé et j'ai cessé d'attirer des hommes dominateurs et violents. Le respect de soi et l'estime de soi sont ce qu'il y a de plus précieux pour une femme. Si ces qualités manquent, il faut les développer. Quand notre respect de soi est fort, nous acceptons ni d'être tenues pour inférieures ni d'être abusées. Nous nous laissons dominer uniquement parce que nous assumons et croyons être des « bonnes à rien » ou des personnes sans valeur.

Je consacre maintenant mes efforts à aider les femmes à développer leur plein potentiel et à trouver véritablement leur place dans le monde comme des êtres égaux. Je vise à favoriser la perception que toutes les femmes possèdent de l'amour de soi, du respect de soi, de l'estime de soi et ont une place de choix dans la société. L'objectif n'est pas de diminuer les hommes de quelque façon que ce soit, mais bien de créer une véritable « égalité » entre les sexes qui profite à chacun.

À mesure que vous avancerez dans la lecture et l'application de ce livre, rappelez-vous qu'il faut du temps pour modifier vos croyances et vos attitudes. Combien de temps faut-il ? Vous pouvez modifier la question et vous demander « Combien de temps faut-il pour comprendre et accepter de nouvelles idées ? » Cela varie d'une personne à l'autre. Évitez donc de fixer des limites et des échéances et progressez à votre rythme. Faites simplement de votre mieux et l'Univers, dans sa sagesse infinie, vous guidera dans la bonne direction. Étape par étape, jour après jour, la pratique nous mènera à bon port.

✳ ✳ ✳

⁕ Chapitre I ⁕

Le point de départ : il y a beaucoup à faire et à apprendre

Voici un exemple parfait qui montre bien comment les femmes ont été programmées dans le passé. Ce qui suit est tiré d'un manuel d'économie domestique destiné aux élèves du secondaire dans les années 1950. (Et ce n'est pas une blague !)

1. *Le dîner doit être prêt.* Préparez-vous, la veille s'il le faut, pour qu'un délicieux repas soit prêt à temps. C'est une façon de lui faire savoir que vous avez pensé à lui et que vous vous souciez de ses besoins. La plupart des hommes ont faim en rentrant du travail, et la perspective d'un bon

repas contribue à l'accueil chaleureux dont ils ont besoin.

2. *Préparez-vous.* Reposez-vous quinze minutes afin d'être fraîche et dispose à son arrivée. Retouchez votre maquillage, mettez un ruban dans vos cheveux et ayez l'air pimpant. Il vient de quitter une foule de gens fatigués du travail. Soyez de bonne d'humeur et rendez-vous intéressante. Il a peut-être besoin d'être diverti après une journée monotone.

3. *Rangez bien la maison.* Juste avant l'arrivée de votre mari, faites une dernière fois le tour des principales pièces de la maison et ramassez les manuels scolaires, jouets, papiers et autres objets qui traînent. Puis, époussetez les tables. Votre mari aura l'impression d'arriver dans un havre de paix et d'ordre — et cela vous remontera le moral à vous aussi !

4. *Préparez les enfants.* Prenez quelques minutes pour leur laver les mains et le visage (si vous avez des tout-petits), les peigner et, au besoin, leur enfiler des

vêtements propres. Ce sont ses petits trésors et il aimerait bien qu'ils soient à la hauteur.

5. *Minimisez le bruit.* Lorsque approche l'heure où il rentre, arrêtez le lave-linge, le sèche-linge, le lave-vaisselle et l'aspirateur. Encouragez les enfants à rester calmes. Montrez-vous heureuse de le voir rentrer. Accueillez-le avec un sourire chaleureux et soyez contente de le voir.

6. *À ne pas faire.* Ne l'accablez pas de problèmes et de récriminations. Ne vous plaignez pas s'il est en retard pour le dîner. Considérez que c'est un incident mineur comparativement à ce qu'il a peut-être enduré ce jour-là. Voyez à son confort. Invitez-le à se caler dans un fauteuil confortable ou à s'allonger sur le lit. Offrez-lui une boisson chaude ou désaltérante. Secouez son oreiller et offrez-lui de le déchausser. Parlez à voix basse, sur un ton doux, apaisant et agréable. Donnez-lui le temps de se détendre et de décompresser.

7. *Écoutez-le.* Vous avez des dizaines de choses à lui raconter, mais ce n'est pas encore le moment. Laissez-le parler en premier.

8. *Organisez la soirée en fonction de ses besoins.* Ne vous plaignez jamais s'il ne vous amène pas au restaurant ni ne vous propose une autre forme de divertissement. Essayez plutôt de comprendre son environnement stressant et tendu, ainsi que son besoin de décompresser et de se détendre.

Je n'ai absolument rien contre ce qui précède SI c'est ce que vous voulez. Sachez, cependant, que la grande majorité des jeunes femmes de l'époque était programmée à s'effacer complètement pour plaire à leur mari. C'est ainsi que devait agir « l'épouse modèle ». C'était formidable pour les hommes, ce l'était un peu moins pour les femmes. De nos jours, c'est à nous, les femmes, de repenser notre vie. Nous pouvons nous réinventer en apprenant à tout remettre en question, même les tâches qui semblent faire partie de notre quotidien, comme cuisiner, faire le ménage, nous occuper des enfants, faire les courses et faire le chauffeur. Tout ce que nous accomplissons depuis si longtemps sans même y penser doit être réexaminé. Souhaitons-nous conserver notre ancien rythme de vie et n'éliminer que quelques éléments au fil du temps ?

On peut donner aux femmes leurs pleines dimensions sans pour autant diminuer les hommes. Dénigrer les hommes est tout aussi répréhensible que de harceler les femmes. Là n'est pas notre objectif. Ce genre de comportement empêche tout le monde d'évoluer, et je considère que nous sommes déjà suffisamment coincés. Se blâmer soi-même pour tout ce qui cloche dans notre vie, ou faire porter le blâme aux hommes ou à la société, n'arrange en rien les choses et nous laisse dans l'impuissance. Le blâme est l'arme des faibles. La meilleure chose que nous puissions faire pour les hommes d'aujourd'hui est d'abandonner notre statut de victimes et de nous prendre en main. On ne peut que respecter quelqu'un qui a de l'estime de soi.

J'ai beaucoup de compassion pour les hommes et je comprends les difficultés auxquelles ils font face tout au long de leur vie. Eux aussi sont coincés dans leurs rôles. Ils ont un lourd fardeau à porter et font face à d'énormes pressions. Dès la plus tendre enfance, on les exhorte à ne pas pleurer et à ne pas exprimer leurs émotions. On leur apprend à réprimer leurs sentiments. À mon avis, il s'agit ni plus ni moins d'une forme de maltraitance et de torture infligées à un enfant. Il ne faut donc pas s'étonner de voir les hommes exprimer autant de colère. De surcroît, la plupart souffrent d'avoir eu une relation déficiente avec leur père. Si vous voulez voir un homme pleurer, mettez-le en confiance et amenez-le à parler de son père. En général, les hommes manifestent une grande tristesse en évoquant le non-dit qui subsiste entre eux et leur père. Ils auraient souhaité avoir eu une tout autre enfance et un père qui leur aurait dit qu'il les aime et les apprécie.

Culturellement, les femmes ont subi un lavage de cerveau, les amenant à croire que, pour être « bonnes », elles doivent faire passer les besoins des autres avant les leurs. Nous sommes nombreuses à avoir vécu en fonction de ce que nous *devrions* être plutôt que de ce que *nous sommes* réellement. Tant de femmes sont remplies de ressentiment parce qu'elles se sentent « forcées de s'occuper des autres ». Il n'est pas étonnant que l'épuisement les guette en si grand nombre. Les mères qui travaillent à l'extérieur se retrouvent généralement avec deux emplois à temps plein – un premier au bureau et un deuxième qu'elles assument dès qu'elles rentrent à la maison : s'occuper de la famille. L'abnégation tue la personne qui se sacrifie.

Il n'est pas nécessaire d'être malade pour se reposer. Je crois que, chez de nombreuses femmes, la maladie est un moyen de prendre un peu de repos. C'est le seul motif pour lequel elles se sentent justifiées de s'accorder un répit. Elles doivent être malades au point d'être obligées de garder le lit pour se permettre de dire non.

Nous, les femmes, devons savoir – réellement savoir – que nous ne sommes pas des citoyennes de second ordre. C'est un mythe perpétué par certains segments de la société et cela ne tient pas la route ! Aucune âme n'est inférieure aux autres. Les âmes n'ont même pas de sexe ! Nous devons apprendre à accorder autant de valeur à nos vies et à nos habiletés que nous avons appris à en accorder à celles des autres. Je sais qu'à ses débuts le mouvement féministe a tout mis sur le dos des hommes, à cause de l'immense colère des femmes en regard des injustices dont elles avaient été l'objet. C'était acceptable à l'époque. Les femmes ont eu besoin d'exprimer leur frustration – pendant un certain temps. C'était une sorte de thérapie. Quiconque va en thérapie pour guérir ses blessures d'enfance doit commencer par exprimer ses émotions.

Cependant, lorsqu'on nous laisse le temps d'exprimer ces émotions, le pendule revient alors à son point de repos. Et c'est là où en sont les femmes aujourd'hui. Le moment est venu de nous libérer de la colère et du blâme, de la victimisation et de l'impuissance. Il est temps que nous, les femmes, reconnaissions et revendiquions notre pouvoir. Il est temps que nous prenions en main nos propres schèmes de pensée et que nous commencions à créer le monde d'égalité que nous affirmons souhaiter.

Lorsque nous, en tant que femmes, apprendrons à prendre soin de nous d'une manière constructive, à nous respecter et à nous estimer, la vie de tous les êtres humains, y compris celle des hommes, aura fait un bond prodigieux dans la bonne direction. Il y aura du respect et de l'amour entre les sexes. Les hommes et les femmes valoriseront les membres du sexe opposé. Nous apprendrons que l'abondance règne pour tous et que nous pouvons, en toute confiance, souhaiter du bien à l'autre et l'aider à prospérer. Je crois que nous pouvons créer un monde où nous pourrons tous, sans crainte, nous aimer et être heureux sans rien sacrifier à notre intégrité.

Il y a longtemps que nous, les femmes, souhaitons plus de maîtrise sur nos vies. Nous avons aujourd'hui l'occasion d'aller au bout de nous-mêmes. Il est vrai qu'il subsiste encore beaucoup d'iniquité entre les hommes et les femmes aux plans salarial et juridique. Nous nous contentons encore des règlements obtenus devant les tribunaux. Les lois ont été rédigées de manière à favoriser les hommes. Les tribunaux font référence à ce qu'un homme raisonnable ferait dans les circonstances, même dans les cas de viols !

J'aimerais inviter les femmes à mettre sur pied une campagne populaire de sensibilisation sur la nécessité de réécrire les lois de manière qu'elles favorisent tout autant les femmes que les hommes. Nous, les femmes, sommes immensément puissantes collectivement lorsque nous appuyons une cause. Il ne faut pas oublier ce pouvoir collectif que nous avons. La somme d'énergie déployée par un groupe de femmes qui se rallient à une même cause est parfois prodigieuse. Il y a soixante-quinze ans, les femmes militaient pour le droit de vote. De nos jours, nous pouvons nous présenter comme candidates aux élections.

J'encourage les femmes à briguer des postes dans la sphère politique. Nous avons notre place dans l'arène politique – c'est un milieu qui nous est accessible, libre des contraintes rencontrées dans le monde des affaires. Si nous désirons façonner nos lois et nos gouvernements pour qu'ils favorisent également les femmes, il nous faut pénétrer dans ces sphères. Nous pouvons commencer à la plus petite échelle qui soit. Il n'est pas nécessaire d'en avoir fait toute sa vie pour se lancer en politique. Une femme qui fait carrière en politique se trouve en position de pouvoir.

Saviez-vous qu'en 1935, Eleanor Roosevelt a réussi à faire adopter par le Congrès un projet de loi rendant obligatoire l'aménagement d'une salle de bain à l'intérieur de toute nouvelle construction domiciliaire ? À cela, de nombreux hommes parmi les membres du Congrès ont protesté en disant : « Mais comment pourrons-nous différencier les riches des pauvres si tout le monde a une salle de bain ? » ! De nos jours, il nous paraît tellement normal de disposer d'une salle de bain dans nos maisons que nous ne sommes pas conscients qu'une femme puissante s'est battue contre le Congrès pour faire adopter cette mesure. Lorsque les femmes reprendront le dessus, nous déplacerons des montagnes et le monde ne s'en portera que mieux.

Nous venons de loin : il est important de ne pas l'oublier. À l'époque coloniale, l'homme était le monarque incontesté du foyer et tout acte de désobéissance commis par sa femme, un de ses enfants ou un de ses domestiques était passible de flagellation. Dans les années 1850, aucune femme respectable ne pouvait se permettre d'aimer le sexe. Oui, nous venons de loin et nous ne faisons qu'entamer cette nouvelle période de notre évolution. Nous avons beaucoup à faire et à apprendre. Les femmes disposent maintenant d'un champ d'action beaucoup plus vaste et il faut trouver des solutions originales aux problèmes des femmes dans leur ensemble, y compris celles qui vivent seules.

✳ ✳ ✳

Chapitre II

La publicité : cibler l'estime de soi des femmes

Le monde de la publicité a ciblé les femmes en tablant sur leur manque d'estime de soi pour les convaincre d'acheter ses produits. La plupart des publicités disent en gros : « Vous n'êtes pas à la hauteur… et ce n'est qu'en achetant notre produit que vous arriverez à vous corriger. » Nous avons permis aux annonceurs de nous cibler uniquement parce que nous sommes persuadées que nous avons quelque chose qui cloche et qu'il faut corriger. Nous devons cesser d'adhérer à leurs tentatives de nous faire croire que nous sommes inférieures.

Nos corps comptent parmi les cibles de prédilection des annonceurs. Dans la société en général, et à grand renfort de publicité ciblée vers les femmes, on nous a fait croire que notre corps n'était pas à la hauteur. Il n'est donc pas étonnant de constater que, la plupart du temps, nous n'aimons pas notre corps. Combien d'entre nous pouvons réellement affirmer que nous aimons notre rectum ? Nous avons déjà assez de mal à accepter notre nez et nos hanches. Je me demande à quel âge nous apprenons à fonder notre respect de soi sur notre apparence physique. Après tout, aucun bébé ne s'est jamais senti déprécié à cause de son tour de hanches !

Les jeunes adolescentes vulnérables sont bombardées de publicités cherchant à les dévaloriser pour leur faire croire qu'elles ont besoin d'un certain produit pour être belles et acceptées. C'est pourquoi, dans notre société, les adolescentes constituent le segment de population qui affiche le plus bas niveau d'estime de soi, une situation qui se perpétue souvent à l'âge adulte. Les compagnies de tabac adorent cibler les jeunes filles dans leurs campagnes publicitaires parce qu'elles savent que, si vous créez de l'accoutumance chez une personne qui a une faible estime de soi, vous acquerrez fort probablement un client à vie. Comment pouvons-nous les laisser faire cela à nos enfants ?

L'autre jour, j'ai entendu une fillette de trois ans affirmer : « Je ne veux pas porter cette robe : elle me grossit. » Des fillettes de dix ans se mettent au régime. L'anorexie et la boulimie font des ravages dans nos écoles. Que faisons-nous subir à nos enfants ? Si vous avez des enfants, parlez-leur de la façon dont la publicité les exploite. Passez des annonces au crible avec eux. Demandez-leur de vous indiquer le mécanisme de manipulation caché dans une annonce. Enseignez-leur cela à un très jeune âge. Montrez-leur à faire des choix intelligents et à agir plutôt que de réagir.

Avez-vous remarqué combien de revues féminines présentent, dans un même numéro, les tout derniers régimes amaigrissants ET des recettes de desserts engraissants ? Quel genre de messages essaient-elles de faire passer ? Engraissez, maigrissez, engraissez, maigrissez. Il n'est pas étonnant qu'autant de femmes aient un poids qui fluctue. Jamais nous ne serons à la hauteur des attentes véhiculées par toutes les annonces et autres messages médiatiques. La prochaine fois que vous tomberez sur une publicité à la télévision ou dans un magazine, usez de votre sens critique. Quelle est la véritable teneur du message que les annonceurs vous transmettent ? Essaient-ils de faire en sorte que vous vous sentiez inférieure ou dépréciée ? Vous font-ils miroiter un rêve impossible à réaliser ? Riez des annonces et vous leur enlèverez ainsi tout pouvoir sur vous. La publicité qui exploite les femmes est un autre moyen de les dominer et de les subordonner. Nous devons faire tout ce que nous pouvons pour nous réapproprier notre pouvoir.

J'aimerais que l'on mette sur pied une campagne de sensibilisation invitant les femmes à réagir à toute publicité écrite ou télévisée qui constitue une insulte à leur intelligence. Au lieu de se dire : « J'aimerais tellement avoir des hanches comme les siennes », ou toute autre réflexion du genre, il faudrait envoyer à la compagnie une carte postale pour dire : « Comment osez-vous tenter de m'exploiter. Je n'achèterai plus jamais votre produit ! » Si les femmes faisaient parvenir des cartes postales aux annonceurs dévalorisants et manipulateurs et n'achetaient que des produits des entreprises dont les publicités les appuient, alors les annonces changeraient.

Il nous arrive si souvent d'acheter quelque chose uniquement parce que nous pensons : « Si seulement j'avais ceci, je serais bien », et de retomber aussitôt dans nos vieilles croyances telles que : « Je ne suis pas assez bien. Je ne suis pas assez bien. » Il faut que nous sachions, *que nous sachions vraiment*, que nous, les femmes, sommes bien EXACTEMENT comme nous sommes.

Réunissez un petit groupe de femmes et épluchez ensemble une revue féminine en analysant autant les articles que les publicités. Prenez conscience de ce qui se trouve réellement sous vos yeux, y compris les messages subliminaux. Nous, les femmes, avons besoin de nous ouvrir les yeux et les oreilles. Qu'est-ce qu'on nous montre vraiment ? Qu'est-ce qu'on nous dit vraiment ? Comment les annonceurs s'y prennent-ils pour essayer de nous manipuler ?

Penchons-nous très sérieusement sur cette question !

✳ ✳ ✳

✳ Chapitre III ✳

Choisir des pensées et des croyances positives

Plusieurs d'entre vous savent déjà que je crois fermement au grand pouvoir des pensées, des paroles et des croyances. Ce sont elles qui façonnent nos expériences et notre vie. C'est un peu comme si l'Univers écoutait et réagissait à chacune de nos pensées, à chacune de nos paroles. Donc, si quelque chose nous déplaît dans notre vie, nous avons le pouvoir de le changer. Nous avons le pouvoir de nos pensées et de nos paroles. À mesure que nous modifions nos pensées et nos paroles, nos expériences se modifient aussi. Peu importe notre passé, peu importe à quel point notre enfance a été difficile, nous pouvons aujourd'hui apporter des changements positifs dans notre vie. Il s'agit d'un concept puissant et libérateur qui, lorsque nous y adhérons, se matérialise dans nos vies. J'estime que c'est la première chose à faire pour régler un problème : modifier d'abord notre façon de penser, puis laisser la vie nous répondre en conséquence.

Nous vivons continuellement notre passé. Le moment présent est le résultat des pensées et croyances qui nous habitaient antérieurement. Alors, si quelque chose nous déplaît en ce moment dans notre vie, nous avons la possibilité de recréer notre réalité de demain. Lorsque nous commençons à penser autrement, les résultats positifs ne sont peut-être pas immédiats, mais si nous persévérons, nos lendemains auront une tout autre saveur. Pour connaître des lendemains meilleurs, il faut changer la façon dont nous pensons aujourd'hui. Les pensées d'aujourd'hui créent nos expériences de demain.

On me demande souvent : « Comment puis-je avoir des pensées positives quand je côtoie continuellement des gens négatifs ? » Lorsque je suis en présence de quelqu'un qui tient des propos négatifs, je pense : « C'est peut-être vrai pour vous, mais ce ne l'est pas pour moi. » Il m'arrive même de le dire à voix haute. C'est une façon de donner aux autres la permission d'être aussi négatifs qu'ils le souhaitent tout en restant fidèle à mes propres croyances positives. Je fais mon possible pour éviter ce genre de personnes. Vous vous demandez peut-être comment il se fait que vous soyez *toujours* entourée de gens négatifs. N'oubliez pas que nous ne pouvons pas changer les autres : nous ne pouvons agir que sur nous-mêmes. Lorsque nous changeons en profondeur, les autres réagissent à ce changement. Le plus important est de modifier nos schèmes de pensée. Même si nous travaillons beaucoup ou sommes très occupées, nous n'arrêtons jamais de penser, et personne ne peut pénétrer dans nos pensées.

J'aimerais que tout le monde ajoute le mot « *neuropeptides* » à son vocabulaire. Ce terme, forgé par Candace Pert dans le cadre de ses recherches sur le cerveau, fait référence aux « messagers chimiques » qui se déplacent dans tout le corps sous l'effet d'une pensée ou d'une parole. Lorsque nous avons des pensées teintées de colère, de jugement ou de reproche, les substances chimiques qu'ils produisent ont un effet inhibiteur sur notre système immunitaire. À l'opposé, lorsque nos pensées sont teintées d'amour, de revendication de pouvoir et de positivisme, les messagers transportent des substances chimiques différentes qui renforcent notre système immunitaire. La science reconnaît enfin ce que plusieurs d'entre nous savent depuis des années : il existe un lien entre le corps et l'esprit. La communication entre le corps et l'esprit n'est jamais en veille. Votre esprit transmet continuellement vos pensées aux cellules de votre corps.

Nous choisissons à chaque instant, consciemment ou non, des pensées saines ou malsaines qui affectent notre corps. Une pensée isolée n'a pas grand effet sur nous. Toutefois, nous avons au bas mot 60 000 pensées par jour, et leur effet est cumulatif. Les pensées empoisonnées empoisonnent notre corps. Nous ne pouvons pas nous permettre le luxe d'avoir des pensées négatives : cela nous rend malades et nous risquons d'en mourir. C'est ce que la science est en mesure de nous confirmer aujourd'hui.

J'ai mis longtemps à comprendre l'expression « Nous sommes tous Un ; nous avons été créés égaux. » Elle n'avait pas de sens à mes yeux : n'y a-t-il pas des riches et des pauvres, des beaux et des laids, des brillants et des stupides ? Je voyais des gens de toutes les couleurs et de toutes les races, ainsi qu'un nombre incalculable de religions et de façons de voir la vie. Je me demandais comment on pouvait affirmer que nous avons tous été créés égaux alors qu'il existe une telle diversité au sein de l'humanité.

J'ai finalement commencé à comprendre ce que cela voulait dire et, si je suis parvenue à saisir cette notion, c'est grâce à l'auteure et conférencière Caroline Myss. Voyez-vous, les pensées et les mots ont le même effet sur TOUS les corps. Les neuropeptides, les messagers chimiques qui voyagent partout dans le corps lorsque nous avons une pensée ou prononçons une parole, nous touchent TOUS DE LA MÊME FAÇON. Une pensée négative est tout aussi toxique pour le corps d'un Américain qu'elle l'est pour celui d'un Chinois ou d'un Italien. La colère est tout aussi toxique chez un chrétien que chez un juif ou un musulman. Les hommes, les femmes, les homosexuels, les hétérosexuels, les enfants et les gens âgés réagissent tous

DE LA MÊME FAÇON aux neuropeptides générés par leurs pensées.

Le pardon et l'amour ont un effet curatif chez nous tous, indépendamment du pays où nous vivons. Tous les habitants de cette planète doivent guérir leur esprit avant que leur corps ne guérisse pour de bon. Nous sommes ici pour apprendre à pardonner et à nous aimer. Personne n'y échappe, peu importe où il vit. Luttez-vous contre cet apprentissage, préférant rester amer et arrogant ? Êtes-vous prêts à apprendre à vous pardonner et à pardonner aux autres ? Êtes-vous prêts à vous aimer et à embrasser l'abondance et la richesse que la Vie vous offre ? Voici les leçons que la Vie vous réserve, et elles nous touchent tous d*e la même façon*. Nous sommes tous Un. Nous avons tous été créés égaux. L'AMOUR NOUS GUÉRIT TOUS ! (J'invite ardemment ceux et celles qui ont déjà entamé une démarche spirituelle à lire *Anatomie de l'esprit : le sens psychologique et énergétique des maladies* de Caroline Myss, Ph.D. L'information qu'on y trouve est phénoménale.)

Voyons maintenant quel genre de pensées vous habite en ce moment. Quelles sortes de neuropeptides voyagent dans tout votre corps à cet instant même ? Vos pensées vous rendent-elles malades, ou vous font-elles du bien ?

Nous sommes beaucoup trop nombreux à rester vautrés dans la prison d'indignation arrogante et de ressentiment que nous avons nous-mêmes érigée autour de nous. Nous n'avons pas encore compris que le blâme cause plus de tort à la personne qui le jette qu'à celle qui en est la cible. Les neuropeptides qui transmettent nos pensées chargées de blâme partout dans notre corps empoisonnent peu à peu nos cellules.

Une chose est certaine : notre ego veut toujours que nous demeurions esclaves et malheureux. L'ego est la petite voix intérieure qui dit : « Prends donc une dernière bouchée, bois un dernier verre, fume un dernier joint, fais-le juste une dernière fois. » Mais nous ne sommes ni notre corps, ni nos pensées, ni notre ego. Nous sommes les propriétaires de notre corps, le penseur derrière les pensées. Lorsque notre respect de soi et notre estime de soi sont forts, nous ne cédons plus aux invitations de l'ego. Notre potentiel est bien plus grand que nous ne le soupçonnons.

Je vous invite maintenant à vous lever, à prendre ce livre et à trouver un miroir. Regardez-vous dans les yeux et dites tout haut : « *Je m'aime et je commence dès maintenant à apporter des changements positifs dans ma vie. Jour après jour, je ferai en sorte d'améliorer ma qualité de vie. Je peux, sans crainte, être heureuse et me sentir comblée.* » Répétez ces paroles trois ou quatre fois d'affilée en respirant profondément après chaque énoncé. Notez les pensées qui se bousculent dans votre tête pendant que vous récitez ces affirmations positives. Elles reflètent votre ancienne façon de penser. Dites-leur : « Merci de partager cela avec moi. » Vous pouvez reconnaître l'existence de vos pensées négatives sans leur donner de pouvoir. Désormais, chaque fois que vous passerez devant un miroir, je veux que vous vous regardiez dans les yeux et que vous disiez quelque chose de positif. Si vous êtes pressée, dites simplement : « Je t'aime ». Cet exercice tout simple aura des effets étonnants sur votre vie. Si vous ne me croyez pas, essayez-le !

Les réponses sont en nous

Il est crucial de ne jamais perdre de vue que nos paroles et nos pensées d'aujourd'hui deviendront nos expériences futures. Il est donc important de surveiller nos schèmes de pensée et de parole pour que nous puissions façonner notre vie à l'image de nos rêves. Nous pouvons affirmer nonchalamment : « Ah, j'aurais aimé ou j'aimerais faire ceci ou cela, ou j'aurais aimé être ceci ou cela… », mais il semble que nous n'utilisons pas les mots et les pensées qui pourraient véritablement transformer ces souhaits en réalité. Nous visualisons plutôt le pire. Nous défilons le répertoire complet de nos pensées négatives, puis nous nous demandons pourquoi notre vie ne correspond pas à nos désirs !

Il faut découvrir nos ressources internes et notre connexion universelle – cette grande source primordiale de tout ce qui est vivant. Il faut trouver et utiliser notre noyau interne. Nous avons tous en nous des trésors de sagesse, de paix, d'amour et de joie. Et tout ce qui nous en sépare, c'est une simple respiration. Je crois qu'une source *infinie* de paix, de joie, d'amour et de sagesse se trouve en nous. Lorsque je dis qu'une simple respiration nous en sépare, je veux dire que tout ce que nous avons à faire pour y accéder est de fermer les yeux, de prendre une grande respiration et de nous dire : « *J'accède maintenant à la réserve infinie de sagesse qui réside en moi ; les réponses que je cherche s'y trouvent.* »

Toutes les réponses à toutes les questions que nous pourrions nous poser sont déjà en nous. Il suffit de prendre le temps de nous connecter à cette richesse, d'où l'utilité et l'importance de la méditation. Elle nous fait taire afin que nous puissions entendre la voix de notre propre sagesse. Notre sagesse intérieure est la voie la plus directe que nous ayons pour nous connecter à tout ce qui est Vie. Nul n'est besoin de courir après ces cadeaux de la sagesse intérieure : il suffit de créer les occasions pour qu'ils viennent à nous. Comment ? En prenant le temps de nous asseoir en silence, de plonger en nous-mêmes et d'y trouver une paix aussi profonde et sereine qu'un étang au cœur d'une forêt. Nous pouvons trouver la joie dans la méditation. Nous pouvons nous connecter à un immense puits d'amour. Tout est là, au fond de nous. Et personne ne peut nous voler ces trésors.

Nous sommes censées explorer de nouvelles profondeurs à l'intérieur de nous et prendre de nouvelles décisions sur la façon dont nous voulons vivre notre vie. Nous, les femmes, avons été programmées pour accepter un nombre restreint d'options. De nombreuses femmes mariées se sentent extrêmement seules parce qu'elles ont l'impression d'avoir perdu ces options. Ayant abdiqué leurs pouvoirs, elles font ce que j'avais l'habitude de faire : se tourner vers un homme pour avoir les réponses à toutes les questions, au lieu de plonger en elles-mêmes. Pour que nos vies changent, il faut d'abord modifier notre façon de penser. Alors, le monde extérieur réagira différemment avec nous.

Je vous demande donc de plonger en vous-même et d'être prêtes à modifier votre façon de penser. Connectez-vous aux trésors qui sont en vous et utilisez-les. Ce faisant, nous donnerons à la Vie à partir de la magnificence de notre être. Prenez l'habitude, chaque jour, d'entrer en contact avec vos trésors.

Il est crucial de s'accorder du temps pour écouter sa sagesse intérieure. Personne ne peut être en contact avec le savoir foisonnant qui est en soi sans prendre chaque jour le temps de méditer. Nous asseoir en silence est l'une des meilleures choses que nous puissions faire. Personne ne connaît mieux que nous notre vie ou ce qui répond le mieux à nos besoins. Écoutez votre voix : elle vous guidera toujours vers la route qui vous convient le mieux !

Créons collectivement un espace intérieur d'une grande richesse. Que vos pensées soient vos meilleures amies ! La plupart des gens ressassent inlassablement les mêmes pensées. Rappelez-vous que nous avons, en moyenne, 60 000 pensées par jour et ce sont, pour la plupart, les mêmes que la veille et l'avant-veille. Nos pensées peuvent devenir des ornières de négativité ou marquer le début d'une nouvelle vie. Renouvelez chaque jour vos pensées. Que votre esprit soit créatif : concevez de nouvelles façons de faire ce que vous faites depuis toujours.

Notre conscience est comme un jardin. Qu'il s'agisse de celui qui est derrière la maison ou du jardin de notre esprit, la toute première étape consiste à bonifier le sol. Il faudra d'abord le débarrasser des mauvaises herbes, des cailloux et des détritus. Puis, il faudra l'amender avec, entre autres, du compost, et bien mélanger le tout. Les plantes que vous y ferez pousser croîtront rapidement et en beauté. Il en va de même avec votre esprit. Pour que vos affirmations croissent rapidement, commencez par vous débarrasser de toutes les pensées et croyances négatives susceptibles de vous habiter. Puis, semez de bonnes croyances, des pensées réellement bonnes et positives. Affirmez ce que vous attendez de la vie et rien ne vous arrêtera. Votre jardin de pensées n'aura jamais été si luxuriant.

Vaincre la peur

L'éducation que les femmes reçoivent – les formant à être des femmes de ménage et des servantes et à faire passer les besoins des autres avant les leurs –, fait que la plupart d'entre nous n'ont pas suffisamment d'estime de soi et de respect de soi. Nous craignons énormément d'être abandonnées, de perdre ce que nous avons et de souffrir d'insécurité.

On ne nous a pas éduquées à croire en notre capacité à subvenir à nos propres besoins. On nous a montré uniquement à nous occuper des autres. Lorsqu'elles divorcent, les femmes sont terrifiées. Et si elles ont de jeunes enfants, c'est encore pire. Elles se demandent encore et encore : « Comment vais-je pouvoir me débrouiller seule ? »

Nous sommes parfois si terrifiées à l'idée de nous retrouver seules que nous préférons endurer un mariage malheureux ou un emploi pénible. Beaucoup de femmes ne croient pas qu'elles soient suffisamment bonnes. Elles n'ont pas confiance en leur capacité de s'occuper d'elles-mêmes. Et pourtant, elles en sont *capables*.

De nombreuses femmes ont très peur du succès. Elles ne croient pas mériter le bien-être ou la prospérité. Lorsqu'on fait toujours passer les besoins des autres avant les siens, il est difficile de se sentir méritante. Plusieurs femmes ont peur d'avoir plus de succès ou d'argent que leur père n'en a jamais eu.

Alors, comment vaincre la peur de l'abandon ou la peur du succès ? Il s'agit en fait des deux côtés d'une même médaille. Il faut, pour cela, apprendre à faire confiance à la Vie. Elle est ici pour nous soutenir et nous guider *dans la mesure où* nous le lui permettons. Si nous avons été élevées dans la culpabilité et la manipulation, alors nous avons toujours l'impression de ne pas être « assez bonnes ». Si l'on nous a fait croire, en grandissant, que la vie est difficile et dangereuse, alors nous ne savons pas comment nous détendre et laisser la Vie s'occuper de nous. Tous les crimes qu'on nous montre à la télévision et dans les journaux nous portent à croire que nous sommes en danger. Mais nous obéissons tous à la loi de notre propre conscience, c'est-à-dire que nous créons notre réalité à partir de nos croyances. Ce qui est vrai pour quelqu'un d'autre n'est pas nécessairement vrai pour nous. Si nous n'adhérons qu'aux croyances négatives de la société, elles se concrétiseront dans notre propre vie et nous connaîtrons de nombreuses expériences négatives.

Cependant, au fur et à mesure que nous apprenons à nous aimer, que notre façon de penser se modifie, que nous augmentons notre estime de soi et notre respect de soi, alors nous permettons à la Vie de nous apporter tout ce qu'elle a de bon à nous donner. Cela peut paraître simpliste, et ce l'est. Et c'est aussi vrai. Lorsque nous nous détendons et acceptons de croire que « la Vie est ici pour prendre soin de moi et je suis à l'abri », nous commençons alors à voguer *dans le sens* du courant. Remarquez les synchronismes qui se manifestent dans votre vie. Lorsque vous réussissez à passer au feu vert, à trouver une place de choix pour vous garer, lorsqu'on vous apporte exactement ce qu'il vous fallait ou que vous entendez le renseignement dont vous aviez besoin, dites « MERCI ! » L'Univers adore qu'on lui soit reconnaissant. Plus vous remercierez la Vie, plus elle vous donnera de raisons d'être reconnaissante.

Je crois sincèrement que je suis protégée par le Divin, qu'il ne peut m'arriver rien de mal et que je suis à l'abri. Je sais que je suis à la hauteur et ne mérite que de bonnes choses. J'ai mis de nombreuses années à arriver à ce constat et j'ai beaucoup étudié pour cela. Je me suis débarrassée d'une quantité effarante de croyances négatives. J'étais une femme amère, peureuse, pauvre et négative. Maintenant, j'ai confiance et je profite des largesses de la Vie. Si j'ai pu le faire, vous le pouvez aussi — dans la mesure où vous êtes prête à changer votre façon de penser.

Si seulement nous savions toutes que chacune d'entre nous a deux anges gardiens en permanence à ses côtés. Ils sont là pour nous aider et nous guider, mais nous devons d'abord leur en faire la demande. Ils nous aiment beaucoup et attendent notre invitation. Apprenez à vous connecter à vos anges et vous ne vous sentirez plus jamais seule. Certaines femmes voient leurs anges, d'autres sentent leur présence, d'autres encore entendent leur voix et d'autres connaissent leur nom. J'appelle mes deux anges « les gars ». J'ai l'impression qu'ils font la paire. Quand je ne sais pas comment régler un problème, je leur dis : « Occupez-vous-en, les gars ; je ne sais pas quoi faire. » Lorsqu'il m'arrive de belles choses, lorsque des synchronismes se manifestent dans ma vie, je dis immédiatement : « Merci, les gars, c'était formidable. Vous vous êtes surpassés. Je vous en suis extrêmement reconnaissante. » Les anges aiment, eux aussi, les manifestations de gratitude et les signes de reconnaissance. Demandez leur aide : ils sont là pour ça. Ils adorent rendre service !

Pour vous connecter à vos anges, assoyez-vous en silence, fermez les yeux, prenez quelques respirations profondes et essayez de sentir leur présence juste derrière vos épaules. Il y en a un de chaque côté. Sentez leur amour et leur chaleur. Invitez-les à se montrer. Permettez-vous de vous sentir protégée par eux. Demandez-leur de vous aider à résoudre certains problèmes ou de répondre à une question. Peut-être sentirez-vous un contact immédiat ou peut-être devrez-vous vous exercer un certain temps, mais je peux vous assurer d'une chose : ils sont là, ils vous aiment et vous n'avez rien à craindre.

Prendre conscience de nos croyances

Voyons maintenant comment éliminer ou modifier nos croyances négatives. Il faut commencer par en prendre conscience. La plupart des gens n'ont pas la moindre idée de *ce en quoi* ils croient. Lorsque nous avons repéré une de nos croyances négatives, nous pouvons alors décider si nous désirons qu'elle continue à façonner notre vie.

La façon la plus rapide de trouver en quoi consistent vos croyances est d'en dresser la liste. Prenez quelques grandes feuilles de papier et écrivez tout en haut **MES CROYANCES AU SUJET...** (des hommes, du travail, de l'argent, du mariage, de l'amour, de la santé, du vieillissement, de la mort, etc.) Préparez autant de feuilles qu'il y a de sujets qui vous interpellent. Puis, écrivez les pensées que vous inspire chacun des énoncés. Cela ne se fait pas en deux minutes. C'est un exercice qui prend du temps. Consacrez-y quelques minutes par jour. Écrivez tout ce qui vous passe par la tête, même si cela vous paraît ridicule. Contentez-vous de l'écrire. Ces croyances sont les règles internes, inconscientes qui régentent votre vie. Vous ne pourrez pas apporter de changements positifs dans votre vie si vous n'avez pas mis le doigt sur vos croyances négatives. Cette prise de conscience vous permettra de vous transformer à volonté pour être enfin celle que vous avez toujours voulu être et vivre la vie dont vous avez toujours rêvé.

Lorsque vous aurez presque fini de dresser vos listes, lisez-les. Marquez d'une étoile chaque croyance qui vous apporte nourriture et soutien. Ce sont celles que vous voudrez conserver et renforcer. À l'aide d'un stylo de couleur différente, cochez chaque croyance négative qui nuit à vos objectifs. Ce sont celles qui vous ont empêchée de développer tout votre potentiel, dont vous voulez vous débarrasser et que vous souhaiteriez reprogrammer.

Lisez chaque croyance négative et demandez-vous : « Est-ce que je souhaite laisser cette croyance continuer de régenter ma vie ? Suis-je prête à m'en défaire ? » Si vous êtes prête à changer, dressez une nouvelle liste. Transformez chaque affirmation négative (toutes les croyances sont des affirmations) en déclaration positive. Par exemple, vous pouvez transformer « Mes relations avec les hommes sont désastreuses » en « Les hommes m'aiment et me respectent. » L'affirmation « Je ne ferai jamais rien de bon » peut devenir « Je suis une femme accomplie et sûre d'elle. » Remplacez « Je ne sais pas comment décrocher un bon emploi » par « La Vie m'apporte l'emploi idéal » et « Je suis constamment malade » par « Je suis une femme forte et en santé. » Ces exemples sont tirés de ma propre vie. Vous aussi pouvez transformer chacune de vos croyances négatives en nouvelles lignes de conduite personnelles.

Choisissez celles qui vous conviennent. Transformez chaque énoncé négatif en énoncé positif et lisez-les tous les jours à voix haute. Si vous le faites devant le miroir, les résultats seront plus rapides. Les miroirs accomplissent des miracles lorsqu'on travaille avec les affirmations.

Les affirmations : un tournant dans la vie

Les affirmations s'énoncent toujours au présent. Il faut dire « j'ai » ou « je suis » plutôt que « j'aurai » et « je veux être ». Lorsqu'une affirmation se conjugue au futur, les résultats restent « là-bas », dans un avenir hors de portée.

Nous sommes si occupées que nous prenons rarement le temps de travailler sur nous-mêmes. Une bonne façon d'y parvenir est d'inviter une amie ou plusieurs amies à former un petit groupe de travail et de vous réunir un après-midi ou un soir par semaine. Dressez vos listes ensemble. Aidez-vous mutuellement à rédiger vos affirmations. Vous pouvez même discuter de la suite de ce livre. Quelques semaines passées à explorer de nouvelles avenues peuvent faire des miracles. Vous apprendrez l'une de l'autre. L'énergie de groupe est très positive. Vous n'aurez besoin que d'un cahier, d'un miroir, d'une grosse boîte de papiers mouchoirs et d'un cœur aimant et grand ouvert. Je vous garantis que, peu importe la taille du groupe, vous prendrez davantage conscience de qui vous êtes réellement, et vous améliorerez votre qualité de vie.

Maintenant, posons-nous quelques questions. Des réponses sincères peuvent donner une nouvelle orientation à notre vie :

- Comment puis-je utiliser au mieux ce temps pour améliorer ma vie au maximum ?
- Qu'est-ce que j'attends d'un partenaire ?
- À mon avis, de quoi ai-je besoin de la part d'un partenaire ?
- Que puis-je faire pour satisfaire ces besoins ? (Ne vous attendez pas à ce qu'un partenaire satisfasse tous vos

besoins : c'est un horrible fardeau à lui faire porter.)

- Qu'est-ce qui pourrait me combler ? Et comment pourrais-je combler moi-même ces désirs ?
- Qu'est-ce que j'invoque comme excuse lorsqu'il n'y a personne pour me rabaisser ?
- Si je n'avais plus jamais de partenaire, est-ce que je laisserais ce manque me démolir ou si je me ferais une vie formidable et deviendrais un phare pour les autres femmes ? Est-ce que je deviendrais quelqu'un qui montre le chemin aux autres ?
- Que suis-je venue apprendre ? Que suis-je venue enseigner ?
- Comment puis-je coopérer avec la Vie ?

Nous en sommes maintenant au stade où chacune d'entre nous doit développer sa propre philosophie de vie et ses propres principes — des énoncés que nous pouvons respecter, des croyances qui nous nourrissent et nous soutiennent. Voici la liste des principes que j'ai développés pour moi au fil du temps :

- *Je suis en tout temps à l'abri et protégée par le Divin.*
- *Tout ce que j'ai besoin de savoir m'est révélé.*
- *Tout ce dont j'ai besoin m'est donné en temps et lieu.*
- *La Vie est une source d'allégresse et d'amour.*
- *J'aime et je suis aimée.*
- *Je suis éclatante de santé.*
- *Je prospère dans tout ce que j'entreprends.*
- *Je suis prête à changer et à évoluer.*
- *Tout va bien dans mon univers.*

Je répète ces énoncés fréquemment, surtout en début et en fin de journée. Si je rencontre des difficultés dans un domaine en particulier, je les récite en boucle. Par exemple, si je ne me sens pas bien, je répète : « Je suis éclatante de santé » jusqu'à ce que je me sente mieux. Si je marche dans un endroit peu éclairé, j'affirme plusieurs fois d'affilée « Je suis en tout temps à l'abri et protégée par le Divin ». Ces croyances font tellement partie de moi que j'y recours automatiquement, sans même réfléchir. Je vous conseille de dresser une liste d'affirmations qui reflètent votre philosophie de vie actuelle. Vous pourrez toujours la modifier ou la compléter. Dressez dès maintenant votre liste de nouveaux principes personnels. Créez-vous un univers sécurisant dans lequel la seule puissance capable de vous faire du tort physiquement ou de nuire à votre environnement serait celle de vos propres pensées et croyances. Ces pensées et croyances peuvent être modifiées.

Je suis comme tout le monde : il m'arrive, moi aussi, d'avoir des problèmes et des crises à gérer. Voici comment j'ai appris à y faire face. Dès qu'un problème surgit, j'affirme immédiatement ceci :

« Tout va bien. Tout se règle de manière à favoriser mon bien suprême. Cette situation ne peut avoir qu'une issue positive. Je suis en sécurité. »

ou :

« Tout va bien. Tout se règle de manière à favoriser le bien suprême de toutes les personnes concernées. Cette expérience ne peut avoir qu'une issue positive. Nous sommes en sécurité. »

Je répète en boucle un de ces énoncés – en l'adaptant au besoin – pendant environ vingt minutes, sans interruption. En peu de temps, je commence à avoir les idées plus claires et à envisager les choses sous un nouvel angle ou je trouve une solution ou le téléphone sonne et l'on m'informe d'un nouveau développement dans l'affaire en question. Il arrive souvent qu'une fois le calme revenu nous nous apercevions que le changement est plus bénéfique que nous l'avions prévu. Nous nous faisons parfois plus de tort que de bien en essayant de maîtriser nos expériences.

Cette d'attitude et ces affirmations fonctionnent à tout coup pour moi maintenant. Je prends du recul par rapport au problème et j'affirme la vérité me concernant et concernant ma vie. J'écarte ma tendance à m'inquiéter pour laisser l'Univers trouver une solution. J'ai utilisé cette méthode dans les embouteillages, les aéroports, les relations humaines, pour des problèmes de santé ou de travail. Il s'agit d'aller dans le sens du courant plutôt que de s'opposer à chaque changement de programme. Adoptez cette « nouvelle » façon de réagir aux difficultés et voyez-les s'évanouir !

Apprendre et croître contribuent à l'évolution de l'âme. Chaque fois que nous augmentons nos connaissances, nous approfondissons notre compréhension de la Vie. Il y a encore tant de choses à apprendre. Quatre-vingt-dix pour cent de notre cerveau demeurent inexploités. Notre époque, à mon avis, est la plus intéressante de toute l'histoire de l'humanité. Chaque matin, en m'éveillant, je remercie la Vie du privilège d'être ici et de vivre tout ceci. Cela fait partie d'une routine de cinq à dix minutes au cours de laquelle j'exprime ma gratitude, en commençant par remercier mon lit de m'avoir procuré une bonne nuit de sommeil. J'exprime ma reconnaissance pour mon corps, ma maison, mes animaux, mes amis, mes biens matériels et toutes les merveilleuses expériences que je suis persuadée de vivre durant la journée. En terminant, je demande toujours à la Vie d'élargir ma compréhension des choses afin d'avoir toujours le recul nécessaire pour la voir dans sa globalité. Lorsque nos perceptions et nos connaissances s'enrichissent, la Vie se simplifie. J'ai confiance que l'avenir me sera favorable.

N'oubliez pas que les affirmations sont des énoncés positifs permettant de reprogrammer consciemment l'esprit, de manière à lui faire accepter une nouvelle façon de vivre. Choisissez des affirmations qui vous amènent à assumer votre pouvoir de femme. Chaque jour, récitez au moins quelques-unes des affirmations suivantes :

Affirmations à l'intention des femmes

Je revendique maintenant
mon pouvoir féminin.

Je découvre à quel point
je suis formidable.
J'aperçois un être magnifique
à l'intérieur de moi.
Je suis belle et débordante de sagesse.
J'aime ce que je vois en moi.
Je choisis de m'aimer et d'avoir du plaisir.
Je reste moi-même.
Je suis maîtresse de ma vie.
J'élargis l'étendue de mes capacités.
Je suis libre de déployer
mon potentiel au maximum.
Je mène une vie formidable.
Ma vie est remplie d'amour.
Je commence par m'aimer avant d'aimer
qui ou quoi que ce soit d'autre.
Je dispose de ma vie à ma guise.
Je suis une femme puissante.
Je mérite amour et respect.
Je ne suis assujettie à personne ;
je suis libre.
Je consens à apprendre
de nouveaux modes de vie.
Je m'affirme.
J'accepte et j'utilise mon propre pouvoir.
J'accepte pleinement d'être célibataire.

Je me réjouis de ma situation actuelle et
je l'apprécie.
Je m'aime et j'ai du plaisir.
J'aime, je soutiens et j'apprécie les
femmes qui m'entourent.
Je suis profondément comblée par la vie.
J'explore les nombreux
chemins de l'amour.
J'adore être une femme.
J'adore vivre en ce lieu et en ce temps.
Je remplis ma vie d'amour.
Je considère comme un cadeau le fait de
vivre seule en ce moment.
Je me sens tout à fait complète et entière.
Je me procure ce dont j'ai besoin.
Je ne cours aucun danger à grandir.
Je suis en sécurité et tout va bien dans
mon univers.

Méditation pour guérir

Je consens à voir ma propre magnificence. Je choisis maintenant d'éliminer de mon esprit et de ma vie toute idée et pensée négative, destructrice et terrifiante pouvant m'empêcher d'être la femme magnifique que je suis censée être. Je m'affirme maintenant, je subviens à mes propres besoins et je prends mes propres décisions. Je me procure ce dont j'ai besoin. Je peux évoluer en toute sécurité. Plus je m'épanouis, plus on m'aime. Je fais maintenant partie des femmes qui guérissent d'autres femmes. Je suis une bénédiction pour la planète. J'ai un bel et brillant avenir devant moi.

Qu'il en soit ainsi !

N'oubliez pas ceci : le moindre changement positif dans votre façon de penser peut amorcer la résolution du plus gros des problèmes. Lorsqu'on pose les bonnes questions à la Vie, elle nous répond.

Il y a de nombreuses façons d'apporter des changements. Nous pouvons, par exemple, commencer par examiner honnêtement nos défauts — PAS pour trouver ce qui CLOCHE, mais pour voir les barrières que nous avons érigées et qui nous empêchent de développer tout notre potentiel. En évitant de tomber dans le dénigrement de soi, nous parvenons à faire tomber ces barrières et à apporter des changements. Bien entendu, beaucoup de ces obstacles sont issus de leçons apprises dans l'enfance – des leçons auxquelles nous n'avons jamais profondément adhéré. Nous n'avons fait qu'endosser les croyances de quelqu'un d'autre. Si nous avons un jour appris à penser ainsi, il est aujourd'hui possible de le désapprendre. Nous acceptons que nous sommes prêtes à apprendre à nous aimer. Puis, nous développons quelques lignes directrices :

1. **CESSEZ TOUTE AUTOCRITIQUE.** C'est parfaitement inutile. Il n'en sort rien qui soit positif. Ne vous critiquez pas ; débarrassez-vous de ce fardeau. Ne critiquez pas les autres non plus, car les défauts que nous remarquons habituellement chez les autres ne sont en fait que des projections de ce qui nous déplaît en nous. Penser du mal d'autrui est l'une des pires façons de limiter sa propre vie. Il n'y a que *nous* qui nous jugeons, pas la Vie, pas Dieu, pas l'Univers.

   Je m'aime et je suis en accord avec moi-même.

2. **NE VOUS FAITES PAS PEUR.**
C'est une chose que nous voulons toutes cesser. Il arrive trop souvent que nous nous terrorisions avec nos propres pensées. Puisque nous ne pouvons avoir qu'une seule pensée à la fois, apprenons à faire en sorte qu'elle soit positive. Nos pensées auront ainsi une influence bénéfique sur notre vie. Si vous voyez qu'une de vos pensées sème la peur en vous, dites immédiatement ceci :
Je me libère du besoin de me faire peur. Je suis une manifestation magnifique et divine de la vie et, dorénavant, je vis pleinement.

3. **ENGAGEZ-VOUS À RESPECTER VOTRE RELATION AVEC VOUS-MÊME.**
Nous nous engageons à respecter religieusement nos engagements envers les autres, mais nous écartons du revers de la main nos propres besoins. Nous ne nous occupons de nous-mêmes que sporadiquement. Prenez donc vraiment soin de votre propre personne. Engagez-vous à vous aimer. Prenez soin de votre cœur et de votre âme.

Je suis la personne que je préfère entre toutes.

4. **TRAITEZ-VOUS COMME SI VOUS ÉTIEZ AIMÉE.**
Respectez-vous et chérissez-vous. L'amour de soi vous rend plus encline à recevoir l'amour qui vient des autres. La loi de l'amour veut que l'on se concentre sur ce que l'on *veut* et non sur ce que l'on ne *veut pas*. Appliquez-vous à *vous* aimer.
En ce moment, je m'aime sans réserve.

5. **PRENEZ SOIN DE VOTRE CORPS.**
Votre corps est un précieux temple. Pour vivre longtemps et mener une existence enrichissante, il faut commencer dès maintenant à prendre soin de vous. Vous désirez bien paraître, mais surtout bien vous sentir et disposer d'une bonne réserve d'énergie. La nutrition et l'exercice sont importants. Votre corps doit rester flexible et vous permettre de vous mouvoir avec aise jusqu'à votre dernier souffle.
Je suis en santé, heureuse et entière.

6. **ENRICHISSEZ VOS CONNAISSANCES.** Nous nous plaignons souvent de ne pas connaître ceci ou cela et nous ne savons que faire, mais nous sommes intelligentes et nous pouvons apprendre. Il existe sur le marché un nombre incalculable de livres, de cassettes et de cours. Si votre budget est restreint, empruntez-les à la bibliothèque. Dénichez un groupe d'entraide. Vous les trouverez à la rubrique Famille et Communauté — Services communautaires de l'annuaire des *Pages jaunes*. Personnellement, je sais que je m'instruirai jusqu'à mon dernier souffle. *J'apprends et je grandis continuellement.*

7. **ASSUREZ VOTRE SÉCURITÉ FINANCIÈRE.** Chaque femme a le droit d'avoir son propre argent. Il est très important que nous en soyons toutes parfaitement convaincues. C'est une composante importante du respect de soi. Nous pouvons toujours commencer à petite échelle. L'important est de continuer à épargner. Les affirmations sont particulièrement efficaces pour cela.

Je fais en sorte que mon revenu augmente régulièrement.

Je prospère dans tout ce que j'entreprends.

8. **EXPRIMEZ VOTRE CRÉATIVITÉ.**
La créativité peut s'exprimer dans toute activité qui vous comble. Ce peut être aussi bien de faire une tarte que de concevoir un édifice. Accordez-vous du temps pour vous exprimer. Si vous avez des enfants et disposez de peu de temps, proposez à une amie d'échanger du temps de gardiennage. Vous méritez toutes les deux d'avoir du temps à vous. Vous le valez amplement.
Affirmez :
Je trouve toujours le temps d'être créative.

9. **FAITES EN SORTE QUE LA JOIE ET LE BONHEUR SOIENT AU CŒUR DE VOTRE VIE.**
La joie et le bonheur vous habitent toujours. Restez toujours en contact avec l'endroit où ils sont présents en vous. Bâtissez votre vie autour de la joie. Lorsque nous sommes heureuses, nous sommes créa-

tives, réceptives aux nouvelles idées et nous ne nous laissons pas distraire par les menus détails. Voici une bonne affirmation à utiliser souvent :

Je respire la joie et le bonheur.

10. SOYEZ INTÈGRE : TENEZ PAROLE.

Pour vous respecter, vous devez faire preuve d'intégrité. Apprenez à tenir parole. Ne faites pas de promesses en l'air — aux autres comme à vous-même. Ne vous promettez pas de vous mettre au régime demain ou de faire de l'exercice tous les jours *à moins de* savoir que vous tiendrez parole. Vous devez pouvoir compter sur vous-même.

11. SOYEZ SPIRITUELLEMENT EN LIEN AVEC LA VIE.

Ce lien ne passe pas nécessairement par la religion de notre enfance. Enfants, on ne nous demandait pas notre avis, mais une fois adultes, nous pouvons choisir notre route et nos croyances spirituelles. La solitude compte parmi les moments les plus précieux de la vie. Votre relation avec votre moi intérieur est la plus importante qui soit. Accordez-vous des périodes de silence et soyez en lien avec votre direction intérieure.

Mes croyances spirituelles me soutiennent et m'aident à réaliser tout mon potentiel.

Il est bon d'affirmer ces idées encore et encore jusqu'à ce qu'elles s'ancrent fermement dans notre conscience et fassent partie intégrante de notre vie !

⁕ ⁕ ⁕

Chapitre IV

Votre relation avec… vous-même

Plutôt que de vous entretenir de la façon d'être plus épanouie dans vos relations actuelles ou de trouver le partenaire idéal — des dizaines de livres ont déjà été écrits sur le sujet —, j'aimerais vous parler ici de la relation la plus importante qui soit : celle que vous entretenez avec *vous-même*.

Beaucoup de femmes se demandent encore et encore : « Comment puis-je m'épanouir sans partenaire ? » C'est une notion qui en effraie plus d'une. Il faut reconnaître et traverser nos peurs. Dressez la liste de toutes vos peurs (CE QUI M'EFFRAIE, C'EST…), examinez-les à la loupe, puis commencez à les dissoudre. Vous n'avez pas à les combattre, vous leur donneriez ainsi trop de pouvoir. Entrez en méditation : regardez vos peurs une à une et laissez-les tomber dans un cours d'eau ; voyez-les littéralement se dissoudre sous vos yeux avant de disparaître, emportées par le courant. Transformez ensuite chaque peur en affirmation positive. « J'ai peur de ne jamais être aimée » peut devenir « Je suis une personne et je m'aime vraiment et profondément. » Si nous sommes incapables de nous donner l'amour que nous disons rechercher, nous ne le trouverons jamais dans le monde extérieur. Ne perdez pas de temps à espérer quelque chose qui n'est pas présent dans votre vie en ce moment. Commencez par éprouver de la tendresse et de l'amour pour *vous-même.* Laissez votre corps et votre cœur *ressentir* l'amour. Traitez-vous de la façon dont vous voudriez qu'un amoureux vous traite.

Presque toutes les femmes vivent seules un jour ou l'autre — qu'elles soient jeunes et célibataires, divorcées ou veuves. Je crois que TOUTES les femmes, même celles qui ont une merveilleuse relation en ce moment, doivent se demander : « Suis-je prête à vivre seule ? » Si nous comptons entièrement sur quelqu'un d'autre pour subvenir à nos besoins, nous vivons coupées de nos propres ressources intérieures. Même au sein d'une relation amoureuse, nous continuons d'avoir besoin de solitude. Nous avons toutes besoin de passer du temps seules pour découvrir qui nous sommes, réfléchir à nos objectifs et aux changements que nous aimerions apporter dans notre vie. Ces périodes de solitude peuvent être tout aussi épanouissantes que le temps que nous passons en compagnie des autres — surtout si nos propres pensées deviennent nos meilleures amies.

De nos jours, la femme célibataire peut conquérir le monde entier. Rien ne l'empêche d'aller aussi loin que le lui permettent ses capacités et la confiance qu'elle a en elle-même. Elle peut voyager, choisir ses emplois, bien gagner sa vie, avoir beaucoup d'amis et développer une grande estime de soi. Elle peut même avoir des partenaires sexuels et des relations amoureuses si elle le désire. De nos jours, il est socialement acceptable d'avoir des enfants sans avoir de mari, comme le font de nombreuses actrices connues et autres personnalités publiques. La femme d'aujourd'hui peut façonner un mode de vie à son image.

De nombreuses femmes de partout dans le monde pourraient ne jamais connaître de relation durable avec un homme et rester célibataires toute leur vie. En ce moment, les États-Unis comptent environ 122 millions d'hommes pour 129 millions de femmes et l'écart est encore plus grand ailleurs, comme en France, par exemple. Il y a plus de célibataires que jamais dans le monde. Loin de voir ces statistiques comme une tragédie, nous pensons qu'il s'agit là d'une occasion, pour les femmes, d'évoluer. Vous savez comment ça se passe dans votre propre vie : lorsque vous ne prenez pas l'initiative d'évoluer, la vie s'en charge à votre place et vous force à changer. Par exemple, vous n'arrivez pas à quitter un emploi que vous détestez et vous finissez par vous faire CONGÉDIER. La vie vous donne l'occasion que vous n'avez pas été en mesure de saisir vous-même. Sur le plan de la conscience, les femmes n'ont pas apporté les changements positifs nécessaires pour être épanouies et en pleine possession de leur pouvoir ; maintenant, c'est la vie qui s'en charge.

Nous avons toutes de l'amour en nous

Il est triste de voir encore autant de femmes se lamenter lorsqu'elles n'ont pas un homme dans leur vie. Il n'y a pas de raison de nous sentir incomplètes lorsque nous ne sommes pas mariées ou engagées dans une relation amoureuse. Lorsque nous « cherchons l'amour », nous disons, en somme, que nous n'en avons pas, alors qu'en réalité, nous en avons toutes en nous. Personne ne peut nous donner l'amour que nous nous donnons et cet amour, personne ne pourra jamais nous l'enlever. Il faut cesser de « chercher l'amour là où il n'est pas ». Chercher un partenaire jusqu'à l'obsession n'est pas mieux que d'être prisonnière d'une relation dysfonctionnelle ou dépendante. Être obsédée par la recherche d'un partenaire ne fait que refléter notre sentiment de manque. C'est aussi malsain que toute autre forme de dépendance. Cela revient à se demander : « Qu'est-ce qui cloche chez moi ? »

Une grande peur est associée à cette « recherche de partenaire à tout prix », de même que de nombreux sentiments qui font que nous ne nous sentons « pas à la hauteur ».

Nous insistons tellement sur la nécessité de trouver un partenaire, que nous sommes très nombreuses à nous accommoder de relations insatisfaisantes, voire abusives. Nous n'avons pas à subir cela. Ce n'est pas un geste d'amour de soi.

Nous ne sommes pas obligées de nous créer un environnement de douleurs et de souffrances ni de nous sentir affreusement seules et malheureuses. Ce sont là des choix et nous pouvons faire de « nouveaux choix » qui nous apportent soutien et épanouissement. Il est vrai que nous avons été programmées pour accepter d'être limitées dans nos choix. Mais tout cela est derrière nous. Il faut nous rappeler que nous vivons un temps nouveau et que le pouvoir se trouve toujours dans le moment présent. Ce que nous choisissons de croire et d'accepter aujourd'hui détermine notre avenir. Nous pouvons modifier nos croyances et notre façon de penser, commencer — à l'instant même — à tracer nous-mêmes de nouvelles voies à emprunter. Il faudrait en arriver à considérer le temps que nous passons seules comme un cadeau !

Il vaut parfois mieux être seule. De plus en plus de femmes qui peuvent subvenir à leurs besoins choisissent de ne pas se remarier après un divorce ou le décès de leur conjoint. Le mariage est une coutume qui avantage principalement les hommes. Les femmes qui font ce choix considèrent qu'en se mariant, elles entrent au service de quelqu'un d'autre et renoncent à leur indépendance. On a appris aux femmes qu'il fallait s'oublier au profit du mariage, tandis que les hommes voient dans cette institution une façon d'obtenir du soutien. Plutôt que de perdre leur indépendance, beaucoup de femmes choisissent de rester célibataires. Obéir à un homme ne les attire plus.

Il y a un vieux proverbe qui dit que « les femmes portent la moitié du ciel. » Il est temps que nous le concrétisions. Mais nous n'y arriverons pas en nous plaignant, en étant en colère, en jouant les victimes ou en cédant notre pouvoir aux hommes ou à la société. Les hommes qui partagent nos vies sont les miroirs de l'opinion que nous avons de nous-mêmes. Il nous arrive si souvent de compter sur les autres pour nous sentir aimées et en lien. Pourtant, tout ce qu'ils peuvent faire est de refléter la relation que nous avons avec nous-mêmes. Il faut vraiment améliorer la relation que nous entretenons avec nous-mêmes, si nous voulons progresser. J'aimerais consacrer la majeure partie de mon travail à aider les femmes à « accepter et à utiliser » leur propre pouvoir de la manière la plus constructive qui soit.

Nous devons toutes comprendre une chose : nous sommes l'origine de l'amour dans notre vie. Nous demandons si souvent à « l'homme idéal » – qu'il s'agisse de notre père, notre petit ami ou notre mari – de résoudre tous nos problèmes. Il est temps d'être notre « femme idéale ». S'il n'y a pas d'homme idéal dans ma vie en ce moment, je peux toujours être ma femme idéale. Je peux me prendre en main et vivre comme je l'entends.

Donc, si vous n'avez pas de partenaire à l'heure actuelle, ne croyez pas que vous êtes *condamnée* à vivre seule. Dites-vous que c'est l'occasion de vivre ce que vous n'auriez jamais cru possible. Lorsque j'étais enfant et même plus tard, à l'époque où j'étais une jeune femme, jamais je n'aurais pu imaginer vivre comme je le fais maintenant. Aimez-vous et laissez la Vie vous conduire vers votre destinée. Toutes les barrières sont tombées : nous pouvons voler aussi haut que nous le voulons.

⁕ ⁕ ⁕

⁕ Chapitre V ⁕

« Tant qu'il nous faudra "supplier" la société de nous laisser la maîtrise de notre fertilité, nous resterons des esclaves. Les outils de gestion de notre fertilité doivent demeurer entre nos mains. »

– tiré du livre de Sonja Johnson intitulé
From Housewife to Heretic

Les enfants, leur éducation et l'estime de soi

J'aimerais parler brièvement des enfants et de leur éducation. Je sais que j'ai eu de nombreux enfants dans mes nombreuses vies antérieures, mais dans celle-ci, je n'en ai pas. J'accepte que ce soit parfait pour moi, cette fois-ci. L'Univers m'a fait vivre de riches expériences et a fait de moi une mère de substitution pour des milliers de personnes.

De grâce, ne croyez pas ceux qui affirment que, pour être épanouie, une femme doit avoir des enfants. C'est peut-être vrai pour une majorité de femmes, mais pas pour toutes. La société insiste pour que toutes les femmes aient des bébés : une bonne façon pour qu'elles « restent à leur place ». J'ai toujours été d'avis qu'il n'arrive rien pour rien. Si vous n'avez pas d'enfants, c'est peut-être que vous êtes destinée à faire autre chose dans la vie. Si cela vous manque terriblement, vivez votre deuil, puis passez à autre chose. N'étirez pas ce processus éternellement. Affirmez ceci :

> *« Je sais que tout ce qui m'arrive est pour mon bien le plus noble. Je suis profondément épanouie. »*

Il y a tellement d'enfants abandonnés dans le monde que, si nous souhaitons réellement satisfaire notre instinct maternel, nous pouvons devenir un foyer d'accueil ou recourir à l'adoption. Nous pouvons également materner d'autres femmes, prendre une femme sous notre aile et l'aider à prendre son envol. Nous pouvons adopter des animaux.

À la maison, j'ai quatre chiens et deux lapins qui viennent tous d'un refuge pour animaux. Chacun a sa propre histoire de maltraitance. J'ai appris qu'une année d'amour peut faire des merveilles pour chacun d'entre nous, y compris les animaux. Il existe de nombreuses façons de contribuer à l'amélioration de notre monde.

L'industrie de la fertilité ne cesse de croître. Son chiffre d'affaires s'élève aujourd'hui à deux milliards de dollars, et les cliniques de fertilité ont souvent recours à des techniques de vente agressives. Cette industrie n'est pratiquement pas réglementée. Vous ne voulez certainement pas que la grossesse devienne un exercice de désespoir pendant que vous mettez votre vie entre parenthèses. La fertilisation in vitro est une nouvelle tendance sociale, et cela n'augure rien de bon pour la santé des femmes. Si votre corps est fait pour avoir des enfants, vous en aurez. Si vous ne tombez pas enceinte, il y a une bonne raison à cela. Acceptez-le. Il y a bien d'autres choses à faire de sa vie. Vous pourriez vous découvrir une vocation surprenante.

Personnellement, je ne suis pas pour les traitements contre l'infertilité. Nous en savons encore trop peu sur ces traitements expérimentaux. Les médecins font des expériences sur le corps des femmes et les fœtus. En outre, ces traitements sont très chers et je les crois dangereux. Quelques histoires d'horreur sont parvenues à nos oreilles récemment. Il y a cette femme qui, après quarante traitements extrêmement coûteux, n'est toujours pas enceinte, mais a contracté le sida[1]. L'un des nombreux donneurs utilisés en était atteint. Des couples ont hypothéqué en vain leur maison pour payer les traitements. Soyez très prudente lorsque vous songez à entreprendre un traitement contre l'infertilité. Lisez tout ce qui vous tombe sous la main, pas seulement la documentation remise par la clinique de fertilité. Soyez informées et vigilantes.

Il n'est pas facile d'aborder la question de l'avortement dans notre culture, car les avis sont nettement tranchés sur le sujet Ce n'est pas comme en Chine, où les femmes sont forcées d'avorter pour enrayer la surpopulation. Ici, nous avons fait de l'avortement une question morale, voire politique, tandis que les

1. J'écris toujours sida en minuscules pour diminuer l'importance de cette maladie.

Chinois en ont fait une nécessité. Les groupes pro-vie disent à couvert que les femmes doivent être gardées à leur place. Nous devons procréer et servir les membres de notre famille. Notre capacité de reproduction est même considérée comme un enjeu politique. La décision de se faire avorter n'est jamais facile à prendre. Bien qu'il soit préférable de s'en abstenir, jamais je ne condamnerai une femme qui se trouve dans une situation désespérée et qui décide de ne pas mener sa grossesse à terme.

J'ai entendu parler de guérisseuses indiennes de la région mexicaine de la Basse-Californie qui affirment connaître des herbes qui empêchent la grossesse. Il suffit de deux doses pour ne pas tomber enceinte pendant huit ans, et il n'y a aucun effet secondaire. J'ai toujours su que la nature avait réponse à tout et qu'il suffisait d'apprendre ses secrets. Celles d'entre nous qui sont les plus « civilisées », sophistiquées et éloignées de la nature se tournent vers des solutions pharmaceutiques ou chirurgicales.

J'ai hâte au jour où nous aurons appris, dans notre tête, à accepter ou à rejeter la grossesse. Je sais que nous pouvons y arriver avec notre esprit. Nous n'avons pas encore appris à le faire. Selon les scientifiques, nous n'utilisons que 10 % de notre capacité intellectuelle. Je suis persuadée qu'un jour nous l'utiliserons à 100 % et que nous découvrirons en nous des pouvoirs insoupçonnés de nos jours.

Élever nos enfants dans l'amour de soi

De nombreuses mères célibataires s'efforcent d'élever leurs enfants seules. C'est une tâche extrêmement difficile et je m'incline devant chacune de ces femmes qui savent réellement ce que veut dire le mot « fatiguée ». Vu le taux de divorce actuel, toute jeune mariée devrait se poser la question suivante avant d'avoir des enfants : « Suis-je prête à élever mes enfants seule et en suis-je capable ? » Peu de jeunes mariées ont une idée juste de la somme de travail nécessaire pour élever des enfants, et les élever seule est une tâche monumentale. À titre de société, il faut insister pour que toutes les femmes qui travaillent aient accès à des services de garde de qualité. Les femmes doivent contribuer à faire adopter des lois adaptées aux femmes et aux enfants.

Les mères n'ont pas à être des « super-femmes », ni des « parents parfaits ». Si vous souhaitez développer de nouveaux talents, lisez certains des excellents ouvrages parus récemment sur l'éducation des enfants, comme *Que désirez-vous vraiment pour vos enfants ?* de Wayne Dyer. Si vous êtes un parent aimant, il y a de fortes chances pour que vos enfants deviennent un jour le genre de personne que vous recherchez comme amis. Ils s'épanouiront et auront du succès. L'épanouissement de soi apporte la paix intérieure. Je crois que la meilleure chose que nous puissions faire pour nos enfants est d'apprendre à nous aimer, car les enfants apprennent toujours par l'exemple. Vous améliorerez votre qualité de vie, et eux aussi. Le développement de votre estime personnelle entraînera le développement de l'estime personnelle de chaque membre de votre famille.

Élever seule ses enfants comporte aussi des avantages. Les femmes ont dorénavant la possibilité d'élever leurs fils à l'image des hommes qu'elles souhaiteraient rencontrer.

Elles se plaignent énormément de l'attitude et des comportements des hommes et pourtant, ce sont elles qui élèvent les hommes de demain. Si nous voulons qu'ils soient bons, aimants et en contact avec leur côté féminin, il nous appartient d'élever les jeunes garçons en conséquence. Que recherchez-vous chez un homme ? Chez un mari ? Je vous suggère d'écrire vos réponses et de penser à ce que vous recherchez *réellement*. Enseignez ensuite à vos fils comment devenir ce genre d'homme. Sa femme vous en sera reconnaissante, et vous resterez à jamais en bons termes avec lui.

Si vous élevez vos enfants seule, ne dites surtout pas de mal de votre ex-mari. Vos enfants associeront le mariage à la guerre, et leur propre mariage deviendra un champ de bataille. Une mère a plus d'influence que quiconque sur ses enfants. Mères, unissez-vous ! Lorsque les femmes reprendront le dessus, nous pourrons avoir le genre d'hommes que nous disons souhaiter, et ce, en une génération seulement.

J'aimerais que l'on donne un cours par jour d'estime de soi et de respect de soi dans toutes les écoles primaires. Si les jeunes enfants assument leur pouvoir, par conséquent les adultes en feront autant. Il m'arrive de recevoir du courrier d'enseignants et d'enseignantes qui me font part des merveilleux résultats qu'ils obtiennent en offrant ces cours. C'est formidable de voir ce qu'ils peuvent accomplir avec les enfants. En général, ces enseignants n'ont qu'un an pour inculquer à chaque enfant quelques idées positives, et ils y parviennent.

Au fur et à mesure que nos filles apprendront à assumer leur pouvoir, elles ne se laisseront plus abuser ou diminuer d'aucune façon. Et nos fils apprendront à respecter tout le monde, y compris les femmes qu'ils côtoient. Aucun bébé-garçon ne naît exploiteur et aucun bébé-fille ne naît victime ou en déficit de respect de soi. L'exploitation d'autrui et le manque d'estime de soi sont des comportements *acquis*. On apprend aux enfants à devenir violents et à accepter la victimisation. Si nous souhaitons évoluer dans une société où les adultes se respectent les uns les autres, nous devons apprendre à nos enfants à être doux et à se respecter. C'est uniquement à ce prix que les deux sexes finiront par se respecter mutuellement.

Si vous êtes parent, vous avez la possibilité de donner l'exemple à vos enfants. Vous pouvez leur apprendre les affirmations et le travail devant le miroir. Les enfants adorent ce genre d'exercices. Faites-les ensemble : créez des affirmations l'un pour l'autre. Aidez-vous mutuellement à générer des expériences de vie positive. Une famille dont tous les membres récitent des affirmations est une famille comblée. Expliquez à vos enfants l'importance de leurs pensées. Ils apprendront qu'ils sont partiellement responsables de leurs propres expériences et cocréateurs de leur vie, ce qui leur donne le pouvoir d'y apporter des changements.

Les parents ont tendance à refouler de nombreuses émotions. Chaque mariage a son lot de problèmes non réglés dont il n'a même jamais été question. Les enfants les sentent et les expriment par leur comportement. Le stade du « non », où l'enfant affiche, vers l'âge de deux ans, un comportement plus difficile, correspond au moment où il commence à refléter les émotions réprimées de ses parents. À l'adolescence, cette tendance s'amplifie, et les parents ont tendance à blâmer leurs enfants plutôt que d'affronter leurs propres problèmes non résolus. Si votre enfant fait des siennes, demandez-vous lesquels de vos problèmes émotionnels refoulés il peut bien incarner. Lorsque vous vous serez libérée de votre ressentiment et aurez pardonné, le comportement de vos enfants s'améliorera comme par magie.

Dans la vie, il arrive souvent que l'on ne fasse pas la distinction entre le message et le messager et que l'on oublie la leçon en chemin. Lorsque nos enfants ou d'autres personnes font quelque chose pour réellement nous embêter, nous nous mettons généralement en colère et les blâmons. Ce que nous ne voyons pas, c'est qu'ils ne font que jouer un rôle dans notre pièce de théâtre. Ils reflètent une croyance, un comportement ou un problème refoulé qui se trouve *en nous*. Ils nous montrent un aspect de nous-mêmes dont nous avons maintenant l'occasion de nous débarrasser. La prochaine fois que vous serez très fâchée contre quelqu'un, essayez de prendre un peu de recul et de vous demander « Quelle leçon ai-je à apprendre ici ? Quel souvenir d'enfance remonte soudainement à la surface ? Quel est le comportement que je recherche ? Suis-je prête à me pardonner et à pardonner aux personnes en cause dans l'incident initial ? »

Nos enfants et nos amis nous montrent souvent des vérités à notre sujet que nous voulons à tout prix nous cacher ou éviter de traiter. Nous sommes des as de l'évitement lorsque vient le temps d'apprendre nos leçons.

⁕ ⁕ ⁕

Chapitre VI

Prendre sa santé en main

Nous, les femmes, devons nous tenir au courant des nombreux traitements proposés par les médecines douces. Nous ne pouvons pas uniquement compter sur les fabricants de pilules. La publicité télévisée ne nous donnera jamais l'information dont nous avons besoin. Les médicaments en vente libre peuvent masquer un symptôme, mais ils n'ont rien à voir avec la véritable guérison. Si nous continuons d'adhérer aux anciennes croyances sur la place de la femme et d'utiliser d'anciennes méthodes pour gérer notre santé, nous aurons du mal à assumer notre pouvoir de femme.

Il est temps de reprendre le pouvoir que nous avons remis entre les mains des industries médicale et pharmaceutique. Nous nous sommes fait ballotter par la médecine haute technologie, qui est très coûteuse et qui finit souvent par démolir notre santé. Il est temps que nous apprenions toutes à maîtriser notre corps et à prendre en main notre santé. Nous pourrions ainsi sauver des milliers de vies et épargner des milliards de dollars. Quand nous comprendrons les liens qui unissent le corps et l'esprit, la majorité de nos ennuis de santé disparaîtront.

Les magasins de produits naturels débordent de publications qui enseignent comment garder votre corps en santé. Tout ce que vous apprenez sur vous et sur la vie en général vous permet d'assumer votre pouvoir. Je recommande chaudement *Women's Bodies, Women's Wisdom* de la docteure Christiane Northrup, un médecin holistique de grande réputation qui est devenue un de mes mentors. Je vous conseille également de vous abonner à son réseau Health Wisdom for Women Network. Dans son bulletin mensuel, elle propose des façons naturelles de traiter vos symptômes et rend compte des derniers développements en matière de santé des femmes.

L'importance de bien manger

La nutrition constitue un facteur de santé et de bien-être extrêmement important. Nous sommes, en quelque sorte, ce que nous mangeons. Ma philosophie de base en la matière est la suivante : si ça se cultive, mangez-le, sinon abstenez-vous. Les fruits, les légumes, les noix et les grains se cultivent. Les Twinkies et le Coca-Cola ne poussent nulle part. J'estime que les restaurants-minute sabotent la santé des Américains. Saviez-vous que les cinq produits les plus vendus dans les supermarchés sont le Coca-Cola, le Pepsi-Cola, les soupes Campbell, les préparations de fromage fondu et la bière ? Ces produits n'ont aucune valeur nutritive, sont bourrés de sel et de sucre et contribuent à l'épidémie de maladies qui sévit dans notre pays. Apprenez les rudiments de la nutrition. Il en va de votre santé ! Les aliments transformés ne peuvent pas être bons pour la santé : ne vous fiez pas aux jolies photos que les fabricants apposent sur les emballages.

Les femmes sont appelées à vivre longtemps. Nous avons donc beaucoup à faire pour rendre la planète plus hospitalière pour celles qui viendront après nous. Il faut, pour cela, être fortes, souples et en santé. Lorsque vous voyez des femmes âgées frêles, malades et invalides, la cause en est généralement la malnutrition, le manque d'exercice et l'accumulation de pensées et de croyances négatives tout au long de leur vie. Cet état de fait n'est pas inévitable. Nous, les femmes, devons apprendre à soigner nos magnifiques corps de manière à vieillir en parfaite condition physique. Lors de mon dernier bilan de santé annuel, le médecin m'a dit que ma condition physique était étonnamment bonne pour mon âge. J'étais troublée qu'il s'attende que l'état de santé d'une femme de 70 ans soit médiocre !

Les cellules de votre corps sont vivantes. Elles ont donc besoin d'aliments vivants pour croître et se reproduire. Les aliments frais constituent une part essentielle de notre diète. La Vie nous fournit déjà tout ce qu'il faut pour nous nourrir et rester en santé. Une diète simple est gage de santé. Il faut surveiller de près ce que nous ingérons ! Si nous ne le faisons pas, qui le fera ? Pour prévenir la maladie, il faut rester conscientes de nos gestes et de leurs conséquences. Si vous avez sommeil une heure après avoir mangé, c'est que vous avez ingéré un aliment auquel vous êtes allergique. Surveillez ce que vous mangez. Recherchez des aliments qui vous donnent beaucoup d'énergie.

Dans la mesure du possible, mangez des fruits et des légumes biologiques. J'ai appris en lisant le bulletin mensuel du docteur Andrew Weil qui s'intitule *Self-Healing* que, dans les supermarchés, les fruits et légumes qui renferment le plus de pesticides sont, dans l'ordre : les fraises, les poivrons, les épinards, les cerises cultivées aux États-Unis, les pêches, les cantaloups cultivés au Mexique, le céleri, les pommes, les abricots, les haricots verts, les raisins du Chili et les concombres.

N'écoutez pas les discours de l'industrie laitière ni ceux de l'industrie des viandes. Elles ne se soucient aucunement de votre santé ; seuls les profits les intéressent. Le corps féminin n'a pas besoin d'ingérer de grandes quantités de viande rouge et de produits laitiers. Le seul fait de bannir ces aliments de votre diète pourrait dissiper le syndrome prémenstruel et atténuer les symptômes de la ménopause. La caféine et le sucre sont les deux autres grands responsables de la plupart des ennuis de santé des femmes. Apprenez à manger sainement. Votre corps vous remerciera en vous fournissant des regains d'énergie. Reprenez votre pouvoir. Étudiez votre corps. Si vous mangez en fonction de votre santé, vous n'aurez jamais besoin de suivre des régimes.

Les bienfaits de l'exercice

L'exercice est une excellente façon d'accroître notre bien-être. Il est crucial pour la santé. Lorsque nous ne faisons aucun exercice, nos os s'affaiblissent ; ils ont besoin d'exercice pour rester forts. L'espérance de vie ne cesse d'augmenter et il serait souhaitable que nous puissions courir, sauter, danser et bouger jusqu'à notre dernier souffle. Trouvez une façon de bouger qui vous plaît et tenez-vous-y. Tout ce que vous faites pour vous-même est un acte d'amour ou de haine envers vous-même. Faire de l'exercice est une façon de vous donner de l'amour, et l'amour de soi est critique pour réussir sa vie à tous points de vue.

Sauter sur place 100 fois en une minute est un exercice formidable. C'est rapide et facile, et ça ragaillardit. Dansez au rythme de la musique. Faites le tour d'un pâté de maisons en courant. Juste une fois.

Vous pouvez vous procurer un minitrampoline et y exécuter quelques sauts. Allez-y doucement au début. C'est un exercice amusant, et chaque saut contribue à purifier le système lymphatique et à renforcer le cœur et les os. L'inventeur du minitrampoline est maintenant octogénaire et il continue à vanter les mérites de l'exercice et de la vieillesse. Ne croyez jamais ceux qui vous disent que vous êtes trop vieilles pour faire de l'exercice.

Quelques réflexions sur le tabagisme

Cesser de fumer est l'une des meilleures choses que vous puissiez faire pour votre santé. Si vous fumez, même si vous ne faites pas partie des 400 000 personnes qui mourront chaque année d'une maladie liée au tabagisme, vous contribuez tout de même à aggraver vos problèmes de santé. Fumer accroît les risques de maladie, allant des problèmes ovariens au cancer du poumon, en passant par les maladies cardiaques et l'ostéoporose. La dépendance et le déni jouent un rôle important pendant la grossesse si la mère insiste pour continuer à fumer. Il y a une foule de bonnes raisons de cesser de fumer, ne serait-ce que par coquetterie : quand vous fumez, les pores de la peau se dilatent, des rides se creusent autour de la bouche et la peau vieillit prématurément. De plus, une fumeuse dégage l'odeur d'un vieux cendrier. Si vous désirez cesser de fumer, quantité de solutions s'offrent à vous. Les magasins d'aliments naturels vendent de nombreux produits conçus pour rééquilibrer le corps. L'acupuncture, l'hypnose et la médecine traditionnelle chinoise peuvent atténuer les symptômes du sevrage. Si vous respectez votre corps, il vous le rendra. Éliminer les substances néfastes de votre corps est un acte d'amour de soi.

La ménopause : un phénomène normal et naturel

J'estime que la ménopause est un processus normal et naturel. Ce n'est pas censé être une maladie. Chaque mois, pendant les règles, le corps se débarrasse du nid préparé pour le bébé qui n'a pas été conçu. Il en profite pour éliminer de nombreuses toxines. La malbouffe, et même la diète standard des Américains, constituée principalement d'aliments transformés — 20 % de sucre et 30 % de gras — font en sorte que nous accumulons sans cesse des toxines, peut-être même plus que ce nous pouvons éliminer.

Si notre corps est bourré de toxines à l'approche de la ménopause, l'inconfort sera plus grand. Donc, mieux vous prenez soin de votre corps au jour le jour, mieux vous traverserez la ménopause. Notre ménopause sera facile ou difficile selon l'image que nous avons de nous-mêmes et du soin que nous avons pris de notre corps depuis la puberté. En général, les femmes qui ont des difficultés à la ménopause se sont mal nourries pendant des années et ont une piètre opinion d'elles-mêmes.

Dans les années 1900, l'espérance de vie moyenne des femmes était de 49 ans. À cette époque, la ménopause n'était guère un problème, car les femmes ne vivaient pas très longtemps après avoir atteint cette étape de leur vie. De nos jours, l'espérance de vie des femmes atteint les 80 ans et elle passera bientôt à 90 ans. Il y a donc lieu de se pencher sur cette phase de vie. Aujourd'hui, de plus en plus de femmes choisissent de prendre une part active dans la gestion de leur santé, de vieillir en harmonie avec leur corps et de laisser les changements comme la ménopause se dérouler le plus naturellement possible, sans subir d'inconforts marqués ni de pertes de capacité. Les bébés-boumeuses entrent dans une ère nouvelle, celle des « méno-boumeuses ». Le vieillissement de cette génération a bien sûr suscité un immense regain d'intérêt pour cette période de transition que constitue la ménopause. On évalue à environ 60 millions le nombre d'Américaines qui entreront dans ce stade hormonal et physiologique de la vie reproductive d'ici l'an 2000*.

Les Amérindiennes qui ont conservé un mode de vie traditionnel ne connaissent pas la ménopause ; elles ont leurs règles jusqu'à la fin de leur vie. Autrefois, le cycle menstruel était considéré comme un signe de santé par les Amérindiennes. Encore aujourd'hui, les femmes de la Basse-Californie, qui ont environ un siècle de retard sur notre époque, continuent d'avoir leurs règles jusqu'à un âge

* N.d.T. : Prédiction faite lors de la publication de la version originale anglaise, soit en 1997.

très avancé. Elles ne comprennent pas la notion de ménopause. Le cycle menstruel était associé à la sagesse et les Indiennes qui avaient leurs règles étaient recherchées pour leur savoir. Auparavant, il était normal pour les Indiennes d'enfanter jusque dans la soixantaine. Bien sûr, cela est de moins en moins courant, en raison de notre vie moderne et de son rythme effréné, des carences alimentaires, etc. Je suis persuadée que, si l'on se penchait davantage sur les cultures indigènes du monde entier, on découvrirait d'autres façons naturelles de gérer le cycle menstruel normal. J'ai entendu dire que les Japonaises n'ont pas de bouffées de chaleur, entre autres parce qu'elles ingèrent une grande quantité de soya.

Les thérapies hormonales à base d'œstrogènes me font peur. La documentation sur le sujet nous vient le plus souvent de sociétés pharmaceutiques qui ont un parti-pris pour des produits chimiques qu'elles mettent en marché. Je conviens que le traitement est bénéfique pour certaines femmes. Cependant, je ne crois pas qu'une « thérapie aux œstrogènes doive être administrée aux femmes à l'échelle de masse, de la puberté jusqu'à la mort», comme le recommandent certains médecins. Le Premarin, si populaire de nos jours, est fabriqué à partir d'urine de juments en gestation. Comment cela peut-il aider le corps d'une femme ? La nature, dans toute sa sagesse, a créé notre corps pour qu'il fonctionne à merveille jusqu'à notre dernier souffle, qu'il s'autoguérisse et qu'il vive longtemps. Nous devons faire confiance à ce savoir, ainsi qu'à notre sagesse intérieure, plutôt que d'écouter des groupes qui veulent nous faire croire que nos corps tomberont malades et se détérioreront après la ménopause.

J'aimerais que l'on étudie les femmes en santé qui traversent la ménopause sans ennuis. Personnellement, pendant ma ménopause, je n'ai souffert de bouffées de chaleur qu'une seule fois. On m'a prescrit un médicament homéopathique et je n'en ai plus jamais eues.

On découvre que la progestérone est souvent plus bénéfique aux femmes que les œstrogènes. Souvent, nous croyons manquer d'œstrogènes, mais en fait nous manquons de progestérone. La progestérone naturelle, une substance extraite de l'igname mexicaine, stimule également la formation des os. Elle encourage les cellules ostéoblastes à régénérer la substance osseuse. N'oubliez pas que les os sont des tissus vivants et que la perte osseuse peut être renversée. La progestérone naturelle se vend dans les magasins d'aliments naturels sous forme de crème que l'on applique sur les tissus mous des faces internes du corps, là où elle pénètre le mieux. Elle n'a aucun des effets secondaires des œstrogènes synthétiques et aide à soulager le SPM, de même que plusieurs symptômes de la ménopause.

Je ne dis pas que certaines femmes n'ont pas bénéficié de la thérapie hormonale de substitution (THS). Mais de nos jours, pour nombre d'intervenants du milieu médical, affirmer que *toutes* les femmes ont besoin de THS, de la ménopause jusqu'à la mort, équivaut à condamner et à rabaisser la femme qui atteint le milieu de sa vie. Ce que je dis, en somme, c'est qu'en recherchant l'harmonie et l'équilibre dans notre corps et notre esprit, nous pourrions nous passer complètement des thérapies hormonales aux effets secondaires potentiellement débilitants.

Comme pour le reste, certaines d'entre nous sont plus prêtes et plus enthousiastes que d'autres à relever ce genre de défi. Pour plusieurs, le degré de responsabilité et d'engagement qu'il nous faudrait déployer pour rétablir notre harmonie corps-esprit est hypothéqué par l'existence de problèmes profonds. Nous devons chercher de l'aide auprès du milieu médical ou d'autres sources jusqu'à ce que nous nous sentions suffisamment prêtes ou en sécurité pour affronter certains facteurs qui influencent notre santé, comme les croyances relatives au respect de soi. Une croyance, beaucoup trop répandue dans notre société patriarcale, veut que les femmes qui ont perdu leur capacité de reproduction n'aient que peu ou pas de valeur. Faut-il donc s'étonner que tant de femmes craignent la ménopause et y résistent ? Les suppléments d'œstrogènes n'ont pas d'effets bénéfiques sur ce genre d'attitude. Seuls nos cœurs et nos esprits peuvent guérir ces perceptions.

Je le répète : la ménopause n'est pas une maladie. C'est une étape normale et naturelle de la vie. Mais le marketing s'en est emparé pour en faire une industrie très lucrative, et presque toute l'information que nous recevons provient de sociétés pharmaceutiques. Il est impératif que nous, les femmes, fassions nos propres recherches afin d'apprendre quels sont nos véritables choix. Je vous incite fortement à lire *The Menopause Industry : How the Medical Establishment Exploits Women* de Sandra Coney, et à le prêter à vos amies. Cet ouvrage nous apprend que, jusque dans les années 1960, la ménopause n'intéressait que peu les médecins. On disait aux femmes que c'était dans leur tête. On peut y lire ceci : « La ménopause illustre, mieux que tout autre phénomène, à quel point le sexisme est enraciné dans la profession médicale. La nouvelle conception de la ménopause, considérée comme une maladie, constitue un outil de contrôle social. La médecine moderne n'aide pas les femmes à avoir davantage de pouvoir et à prendre leur vie en main. Elle transforme des femmes en santé en patientes. »

De nombreuses plantes médicinales recommandées par des nutritionnistes, ainsi que de nombreux produits homéopathiques, apportent une aide appréciable aux femmes pendant la ménopause. Il existe également des substances naturelles qui remplacent les œstrogènes. Parlez-en à votre nutritionniste. Retenez bien ceci : les femmes d'aujourd'hui sont des pionnières qui travaillent à modifier de vieux schèmes de pensée négatifs afin que leurs filles et petites-filles n'aient jamais à souffrir pendant la ménopause. Nous pouvons apprendre à préparer notre ménopause comme nous pouvons maintenant préparer nos grossesses.

Profitez de votre méditation quotidienne pour diriger l'amour vers chaque partie de votre corps, en insistant sur l'appareil génital et reproducteur. Remerciez ces organes de vous servir si bien. Dites-leur que vous ferez tout en votre pouvoir pour qu'ils restent en santé. Développez une relation de tendresse avec eux. Respecter votre corps aura pour effet de renforcer ces organes. Demandez à votre utérus et à vos ovaires ce qu'ils attendent de vous. Ensemble, planifiez votre ménopause pour qu'elle soit une simple période de transition tout aussi agréable physiquement qu'émotionnellement. L'amour guérit et, en aimant votre corps, vous suscitez du bien-être.

La chirurgie esthétique : y recourir pour les bonnes raisons

Il n'y a rien de mal à recourir à la chirurgie esthétique, dans la mesure où elle est justifiée. Il faut bien comprendre que la chirurgie esthétique ne guérit pas les problèmes émotionnels, ne dissipe pas la haine de soi et ne vient pas à la rescousse des mariages. Trop souvent, nous y avons recours parce que nous ne nous sentons pas assez à la hauteur. Mais la chirurgie esthétique seule ne nous fera jamais sentir à la hauteur. Elle ne transforme pas les croyances. Derrière la prolifération des publicités vantant les mérites de la chirurgie esthétique se cache toute une industrie qui se nourrit du manque de respect de soi des femmes.

J'ai vu des femmes qui se détestaient et qui croyaient que la chirurgie esthétique les embellirait. Comme elles ne s'aimaient pas, elles ont mal choisi leur chirurgien et sont maintenant plus laides qu'avant la chirurgie. Je me souviens d'une très jolie jeune fille qui n'avait aucun respect de soi et qui ne s'aimait pas. Elle croyait qu'une transformation de son nez suffirait pour qu'elle se sente mieux.

Elle a insisté pour subir une chirurgie pour les mauvaises raisons et aujourd'hui, son nez ressemble à celui d'un porc. Son problème n'avait rien à voir avec son nez.

Il ne faut pas recourir à la chirurgie esthétique pour accroître le respect de soi. Ça ne fonctionnera jamais. Vous pourriez connaître une amélioration provisoire, mais votre ancien complexe d'infériorité referait bientôt surface et vous vous mettriez à penser : « *Et si je faisais enlever cette autre ride…* » et ainsi de suite. Quelqu'un me parlait l'autre jour d'une chirurgie esthétique des coudes pour empêcher la peau de pendre à cet endroit, un phénomène qui vient avec l'âge. J'ai songé : « Pour l'amour du ciel, jusqu'où ira-t-on ? Ne serait-ce pas plus facile de porter des manches légèrement plus longues ? » Mais les médias, encore une fois, nous ont tellement programmées. Si l'on en croit les publicitaires, nous devrions toutes ressembler à une parfaite petite adolescente anorexique décharnée et sans rides. Il faut cependant éviter de mettre *tout* le blâme sur le dos des publicitaires, car après tout, *c'est nous* qui achetons leurs produits. Le jour où les femmes auront davantage de respect de soi et d'estime de soi, je crois qu'elles cesseront de s'inspirer des magazines et que la publicité changera.

N'acceptez pas de servir de cobayes aux médecins. Lorsque nous recourons à des méthodes artificielles pour forcer notre corps à faire ou à acquérir quelque chose que, dans sa grande sagesse, il ne veut ni faire ni avoir, nous nous attirons des ennuis. Ne jouez pas avec dame Nature. Pensez à tous les ennuis qu'ont les femmes qui ont des implants mammaires. Si vous avez de petits seins, appréciez-les. Certaines femmes ont vu la taille de leur poitrine augmenter en dirigeant de l'amour vers leurs seins tout en récitant des affirmations positives. Il s'agit d'une bonne façon d'aimer son corps qui, soit dit en passant, adore recevoir de l'amour. Je crois aussi que vous avez exactement le corps que vous avez choisi au moment de votre incarnation. Appréciez-vous comme vous êtes. Et surtout, ne modifiez jamais votre corps pour plaire à quelqu'un d'autre. Si les gens ne vous aiment pas telle que vous êtes, ils ne vous aimeront pas davantage lorsque vous aurez sacrifié votre corps pour eux.

Par conséquent, si vous décidez de vous faire remonter ici et là, soyez très consciente de *la raison* qui vous y pousse. Emplissez votre corps d'amour avant, pendant et après la chirurgie. Voici le genre d'affirmation que je préconise dans les circonstances :

J'ai un chirurgien attentionné qui fait de l'excellent travail. La procédure est simple et rapide et tout se déroule parfaitement bien. Le médecin est ravi de la vitesse à laquelle je guéris. Je suis enchantée des résultats. Tout va pour le mieux et je suis en sécurité.

Le cancer du sein et sa symbolique

J'ai noté une constante chez presque toutes les femmes qui souffrent d'un cancer du sein. Elles ont, en général, énormément de difficulté à dire non. Les seins représentent la nourriture au sens large, et les femmes qui ont un cancer du sein semblent nourrir tout leur entourage, sauf elles-mêmes. Elles ont beaucoup de mal à dire non. Souvent élevées par des parents qui faisaient leur éducation à grand renfort de culpabilité et de manipulation, elles sont devenues des adultes qui cherchent maintenant à plaire et sont entourées de gens qui leur demandent continuellement de donner plus qu'elles ne le peuvent. Ces femmes font constamment des efforts pour les autres et acquiescent à des demandes auxquelles elles préféreraient dire non. Elles donnent sans réserve jusqu'à ce qu'il ne leur reste plus de nourriture.

Apprendre à dire non peut se révéler très difficile au début parce que les gens qui vous entourent sont habitués à ce que vous leur disiez oui. Et lorsque vous leur dites non la première fois, ils se fâchent. Vous pouvez vous attendre à cette réaction. Toute personne qui apprend à dire non doit affronter de la colère pendant un certain temps. La première fois est la plus difficile. Lorsque vous apprenez à dire non, il est très important de ne pas donner d'excuses, car dès que vous le faites, vous êtes prise au piège. L'autre peut essayer de vous faire changer d'idée. Contentez-vous de dire non. « Non, je ne peux pas », « Je ne peux plus », « Non, je ne fais plus ce genre de chose ». Tout énoncé du même type qui envoie un message clair à l'interlocuteur fera l'affaire. L'autre va sans doute se fâcher, mais sachez que cela n'a rien à voir avec *vous*. Cela le concerne, *lui*. Pensez alors à vous dire « LORSQUE JE TE DIS NON, JE ME DIS OUI ». Répétez-vous cette puissante affirmation et vous vous sentirez bien. Lorsque vous aurez dit non trois fois à la même personne, elle cessera de vous faire des demandes, car elle verra que vous avez changé. Vous aurez dit non à cause du cheminement intérieur que vous aurez fait.

Les personnes qui veulent plaire aux autres trouveront peut-être très difficile de dire non une première fois. Je me souviens avoir transpiré la première fois que je me suis ainsi affirmée. J'ai cru que mon univers allait s'écrouler et que j'en sortirais perdante. Mais le monde autour de moi ne s'est pas effondré ; il a changé et j'ai commencé à me respecter davantage. Sachez donc que le premier non n'est qu'un passage obligé. Les autres se fâchent parce que vous ne donnez plus — ou ne donnez plus de manière excessive — et ils peuvent même aller jusqu'à vous traiter d'égoïste. Au fond, ils disent que vous ne faites pas ce qu'*ils* veulent que vous fassiez. C'est tout. N'oubliez pas que de dire non à l'autre revient à vous dire oui. Vous vous trouvez, par la même occasion, à vous libérer de votre propre ressentiment.

Une femme de mon entourage vient tout juste de quitter son mari temporairement ; ce pourrait ne pas être définitif. Son mari n'a donc plus personne à blâmer lorsque cela va mal. Ce ne peut pas être la faute de sa femme, puisqu'elle n'est plus là. Il apprend à voir les choses différemment. Leurs deux fils adultes respectent maintenant leur mère parce qu'elle s'affirme et qu'elle fait maintenant ce qu'elle veut. Il est très intéressant de voir toute la famille se transformer. Il lui a fallu beaucoup de courage pour partir, mais elle y est arrivée, et sa vie a changé du tout au tout. Vient un moment dans la vie de chaque femme où elle doit se demander : « Qu'est-ce qui est le mieux pour *moi* ? » C'est peut-être une nouvelle question que les femmes doivent se poser. Ann Landers conseille aux femmes qui songent à la séparation ou au divorce de se demander « Qu'est-ce qui est mieux pour moi ? Partir ou rester ? »

Prendre soin de son cœur : une nécessité

Les statistiques montrent qu'alors que 4 % des femmes mourront d'un cancer du sein, 36 % mourront d'une maladie cardiaque.

Nous entendons beaucoup parler des dangers que représente le cancer du sein, mais très peu des risques de maladies cardiaques chez les femmes, bien qu'elles constituent la première cause de décès dans ce segment de population. En outre, les femmes sont plus à risque que les hommes de mourir des suites d'un pontage coronarien.

Il est très important que les femmes prennent bien soin de leur cœur. Une alimentation riche en gras est néfaste pour la santé, et cela vaut pour tout le monde. Sur le plan physique, une telle alimentation combinée au manque d'exercice et au tabagisme risque de développer des maladies cardiovasculaires. Ce sont là des facteurs sur lesquels nous pouvons agir. Notre cœur ne nous fait jamais de mal, c'est nous qui lui en faisons.

Sur le plan émotionnel, le cœur et le sang qu'il pompe représentent l'amour et la joie, ainsi que nos premiers rapports avec notre famille. En général, les femmes qui souffrent du cœur sont encore aux prises avec des difficultés d'ordre familial qui les privent de joie et d'amour. Ces problèmes peuvent empêcher la joie et l'amour d'entrer dans leur vie parce qu'elles craignent d'accueillir l'amour. Fermer notre cœur à l'amour équivaut à empêcher la vie d'affluer vers lui.

De très nombreuses maladies ont des causes émotionnelles liées à la difficulté de pardonner. Nous avons tous du mal à intégrer la leçon spirituelle que propose le pardon. Et pourtant, il nous faut tous y parvenir si nous voulons vraiment guérir. Nous avons tous vécu une forme quelconque de trahison, de perte ou d'abus. La maturité spirituelle ne s'acquiert qu'au prix du pardon de l'événement et des gens concernés. Notre passé est derrière nous et il nous il est impossible de réécrire notre histoire. Tourner la page nous libère du passé et nous devenons ainsi libres de vivre l'instant présent. Il est impossible d'être heureux, en santé, prospères et libres tant que nous sommes prisonniers du passé et que nous refusons de pardonner. C'est ce que nous avons de plus difficile à faire. La leçon la plus importante sur le plan spirituel est de pardonner, de nous aimer et de vivre le moment présent. C'est ainsi que le cœur guérit.

Une fois par jour, assoyez-vous silencieusement et posez les mains sur votre cœur. Dirigez de l'amour vers lui et permettez-vous de ressentir l'amour qu'il a pour vous. Il a commencé à battre avant même votre naissance et il travaillera pour vous aussi longtemps que vous choisirez de vivre. Voyez s'il se trouve, dans votre cœur, des traces d'amertume ou de ressentiment. Effacez-les doucement au moyen du pardon et de la compréhension. Si seulement vous pouviez avoir une vue d'ensemble, vous comprendriez la leçon. Dirigez de l'amour vers chacun des membres de votre famille et pardonnez-leur. Sentez votre cœur se détendre et s'apaiser. Votre cœur est l'amour, et le sang dans vos veines est la joie. Votre cœur pompe avec amour de la joie dans tout votre corps. Tout va pour le mieux et vous êtes en sécurité.

⁕ ⁕ ⁕

Chapitre VII

Explorer sa sexualité

Au risque de déranger, j'aimerais exposer brièvement mon opinion et aborder certaines tendances actuelles en matière de sexualité. Nous pourrions, à ce chapitre également, devoir adapter notre façon de penser. La société a énormément de préjugés par rapport à la sexualité. Rappelez-vous qu'il n'y a pas d'orientation sexuelle qui vous convient mieux que celle que vous avez en ce moment. Les propos qui suivent s'appliquent tant aux couples hétérosexuels qu'homosexuels. De nos jours, même la science reconnaît que notre orientation sexuelle nous est donnée à la naissance ; ce n'est pas une question de choix. Si vous êtes hétérosexuelle, imaginez ce que vous ressentiriez si l'on vous disait que vous devez devenir lesbienne. Ce serait pratiquement impossible. Il en va de même si l'on demande à une lesbienne de devenir hétérosexuelle. Je considère que nous devons nous excuser auprès de nos sœurs lesbiennes pour l'horrible façon dont nous les avons dénoncées. Il s'agit d'une des pires formes d'exclusion tribale qui soient. Il ne faut pas se rabaisser ou rabaisser quiconque pour un motif aussi banal et naturel que la sexualité. Ce préjugé social nous empêche de participer à la Vie dans sa globalité. Aimez-vous telle que vous êtes. Dieu n'a jamais commis d'erreurs.

De nos jours, de nombreuses femmes d'un certain âge, qui n'auraient jamais osé envisager cette possibilité auparavant, explorent un style de vie homosexuel et s'engagent dans des relations intimes avec d'autres femmes. Les hommes appartenant à cette tranche d'âge étant moins nombreux que les femmes du même âge, cette tendance est tout à fait compréhensible. Pourquoi choisir de rester seule quand l'amour nous attend ? Une relation intime avec une autre femme peut se révéler d'une profondeur jamais atteinte avec un homme. Beaucoup d'hommes ne se permettent pas d'être aussi aimants et affectueux que les femmes en couple. En outre, une femme comprend et accepte généralement mieux qu'un homme les changements que le corps subit sous l'effet de l'âge.

Beaucoup d'entre vous ne savent probablement pas qu'à l'époque victorienne, les femmes et les hommes avaient des sphères d'activité distinctes selon leur sexe – affaires, politique, éducation des enfants, etc. – et que, par conséquent, les relations hommes-femmes étaient très tendues. Il était donc fréquent qu'une femme se tourne vers une autre femme pour satisfaire ses besoins les plus intimes. Dans son journal personnel, elle pouvait écrire des pages et des pages sur sa relation avec une autre femme et finir en disant : « À propos, j'ai accepté la demande en mariage de monsieur S., hier soir ». Les amitiés à caractère romantique entre jeunes hommes de la classe moyenne étaient également répandues et personne ne les considérait comme des signes d'homosexualité. En fait, le terme lui-même n'a fait son apparition que vers la fin du XIXe siècle. C'était aussi l'époque où la prostitution battait son plein : à New York, on comptait alors une prostituée pour 64 hommes et à Savannah (Georgia), une pour 39 hommes.

Ce que je veux dire, en somme, c'est que l'amour est là où nous le trouvons. En amour, les modes évoluent de siècle en siècle et selon le pays. Ce que nous considérons aujourd'hui comme « normal » est aussi appelé à changer. Sur le plan de la sexualité, sachez que plusieurs choix s'offrent à celles qui souhaitent exercer leur libre arbitre. Dans la mesure où notre cœur est aimant et où nous ne voulons que du bien à notre entourage, nous sommes libres de nos choix. Certaines d'entre nous choisiront même d'être asexuelles, ce qui est tout aussi acceptable. Abstenons-nous de tout jugement et réjouissons-nous chaque fois que nous rencontrons l'amour. Lorsque nous donnons et recevons de l'amour, nous nourrissons notre âme et répandons une énergie positive.

⁕ ⁕ ⁕

✳ Chapitre VIII ✳

Le harcèlement sexuel : briser le silence

Combien de fois **vous êtes-vous tue** quand on vous manquait de respect ou qu'on vous agressait sexuellement ? Combien de fois vous êtes-vous blâmée lorsqu'un homme agissait de manière déplacée envers vous ? Vous vous êtes dit : « Oh, c'était peut-être ma faute » ou « Mon imagination me joue peut-être des tours » ou « Eh bien, je suppose que c'est dans les mœurs, ici. Bof, j'ai déjà connu pire ».

Il n'y a pas une seule femme parmi les lectrices de ce livre qui peut affirmer n'avoir jamais été l'objet de propos déplacés ou ne s'être jamais fait agripper, pincer ou caresser par quelqu'un qui n'avait pas d'affaire à la toucher. Et pourtant, la plupart d'entre nous gardent le silence ; nous nous taisons. Il est temps d'apprendre à parler franchement et à nous défendre. Sinon, nous ne mettrons jamais fin à ces idioties.

J'aimerais vous raconter ce qui m'est arrivé récemment. Pendant près de quatre ans, un formidable couple originaire d'Angleterre s'est merveilleusement bien occupé de moi, de ma maison et de mes animaux. Au début, tout allait bien, mais peu à peu, de petits incidents – l'impliquant, lui, la plupart du temps – ont commencé à se produire. Oh, ce n'était presque rien, si bien qu'à l'époque, j'ai passé l'éponge. Ce fut une grossière erreur. L'homme est devenu de plus en plus paresseux, et sa femme s'est retrouvée avec les deux tiers du travail sur les bras. Il s'est mis à oublier que c'était moi la patronne et à se comporter comme le maître de céans. Il est devenu trop familier, comme s'il était mon ami. La situation s'est peu à peu détériorée, au point où son comportement est devenu inapproprié. Je suis consciente maintenant d'avoir mal interprété ces signaux et de n'avoir pas maintenu la distance qu'il fallait entre nous. Je me rends compte que j'ai laissé la situation se dégrader au point où j'ai cessé d'écouter la petite voix qui m'avertissait du dérapage. Je me suis mise à marcher sur des œufs de peur de le déranger, *lui,* par souci de préserver *sa* bonne humeur.

Le lendemain de la fête mémorable organisée pour souligner mes 70 ans, j'ai découvert que plusieurs amies avaient subi des attouchements déplacés de sa part. En discutant avec elles, j'ai appris que ce comportement durait depuis plus d'un an et s'était manifesté lors de diverses réceptions. *Mais personne ne m'en avait parlé.* Lorsque le voile a été levé sur cette affaire, j'ai été inondée d'informations. J'ai appris qu'il avait fait des avances à plusieurs de mes employées et qu'il en avait même harcelé quelques-unes sexuellement. Ma secrétaire personnelle s'était fait attaquer dans ma propre maison pendant que j'étais à l'extérieur de la ville. J'étais horrifiée que de telles choses soient arrivées aux amies et aux employées de Louise Hay ! Mais pourquoi ne m'ont-elles rien dit ? Certaines étaient craintives, d'autres gênées ; chacune avait sa raison. Vous connaissez probablement toutes les raisons qu'une femme peut invoquer dans ces circonstances, car vous les avez peut-être utilisées vous-même. Cela m'a rappelé toutes les fois où j'ai enduré diverses formes d'agressions sexuelles et mon désir profond d'échapper à la situation et de mettre cela derrière moi. Combien de fois ai-je effectivement dit franchement ce que je pensais ou dénoncé l'affaire ?

J'ai également appris que cet homme maltraitait sa propre femme et qu'elle avait souvent des ecchymoses. Je me suis dit : *Voyez les secrets que nous gardons ; voyez comme nous laissons les hommes violer impunément notre espace et notre honneur !* Écrasées par la peur, nous nous soumettons sur tous les plans. J'ai été extrêmement peinée d'entendre ces femmes raconter leur histoire. Et ce n'était peut-être que la pointe de l'iceberg ! Je voudrais profiter de l'occasion pour m'excuser auprès de toutes les femmes pour les comportements déplacés manifestés lors de la fête organisée pour mes 70 ans.

Une de mes très bonnes amies — qui se confie à moi sans hésitation et qui se considère comme une femme éveillée et dotée d'une excellente estime de soi — ne m'a même rien dit. Face à une situation d'abus, son premier réflexe a été de garder le silence et d'éviter de faire des vagues.

Le malaise que je *ressentais* déjà depuis des mois s'expliquait donc, et je disposais maintenant de preuves concrètes indiquant que cet homme était vraiment allé trop loin. J'ai réuni une équipe de soutien, car il n'était pas question que j'affronte seule cet homme et sa femme. Malgré cela, si je n'avais pas eu entièrement confiance dans l'information qui m'avait été fournie, j'aurais facilement pu tomber dans le piège et croire à l'excellent numéro de déni qui m'a été servi. Lorsque l'homme s'est rendu compte que je ne croyais pas son histoire, il est devenu violent et méchant. Toutefois, j'avais mon équipe de soutien à mes côtés et, de plus, je tenais le combiné, prête à composer rapidement le 911 en cas d'urgence. Je lui ai dit qu'il avait jusqu'au lendemain matin pour quitter ma propriété. J'avais les mains moites et l'estomac noué… *et* je me sentais puissante. Ce n'était pas facile pour moi d'affronter un furieux gaillard de près de deux mètres. Même si j'avais beaucoup de compassion pour sa femme, je savais par ailleurs qu'elle jouait un rôle de facilitatrice et que le seul moyen qu'elle avait pour accepter les écarts de conduite de son mari était de nier les faits ou d'en faire porter la responsabilité aux victimes de son mari. Les femmes dont le mari est un coureur de jupons ou un agresseur accusent souvent les autres femmes, afin de rester dans le déni. Ainsi, les deux s'en sortaient comme des innocents et des victimes, mais trois heures et demie plus tard, ils avaient fait leurs bagages et quitté ma maison.

Le lendemain, j'ai reçu un appel de mon amie, incrédule. Elle me disait qu'elle avait vraiment commencé à se demander si elle n'avait pas tout inventé, si elle ne s'était pas trompée, si son franc-parler n'avait pas fait perdre son emploi à cet homme. Nous, les femmes, avons une telle propension à *passer facilement l'éponge,* ne trouvez-vous pas ? Qui sommes-nous — que des « filles » après tout — pour nous exprimer ? Et si c'était uniquement le fruit de notre imagination. Lorsqu'un homme nie les faits, nous avons souvent tendance à le croire. La légitimité de notre espace et de notre honneur a été mise en cause et, pourtant, c'est notre parole qu'on met en doute. Les vieux disques qui tournent dans notre tête nous amènent à dépouiller encore plus les femmes de leur pouvoir. Le déni est si présent. Il y a des lustres que les femmes sont soumises à un régime de terreur. Nous avons permis que cette situation persiste de génération en génération parce que nous avions peur, habituellement avec raison. Dans le passé, une dénonciation aurait pu nous coûter la vie. Encore récemment, le gouvernement afghan a rétabli la lapidation en cas d'adultère. Bien entendu, on entend la lapidation de la femme, jamais de l'homme.

Dès que j'ai compris ce qui se passait chez moi, j'ai pris les mesures qui s'imposaient pour y remédier. J'ai aussi pris rendez-vous avec une bonne thérapeute. Bien que j'aie souvent eu recours à la thérapie par le passé, j'étais consciente qu'il restait sûrement encore quelque chose chez moi qui attirait ce genre de comportement. Cette fois-ci, la violence s'était exercée non contre moi, mais dans ma propre maison. Je vais faire tout ce que je peux pour me débarrasser des résidus de ce schème de comportement qui m'habitent encore.

Ma thérapeute m'a questionnée sur la colère que j'ai ressentie, enfant, contre mon beau-père agresseur. « Je ne me rappelle pas avoir ressenti de la colère, juste de la peur », ai-je répondu.

Lorsqu'elle m'a demandé : « N'avez-vous jamais répliqué avec insolence parce que vous étiez fâchée ? », j'ai su immédiatement qu'elle n'avait jamais été maltraitée dans sa jeunesse. On me battait tous les jours même si je me conduisais du mieux que je le pouvais. Que me serait-il arrivé si j'avais eu le culot d'être impertinente ? Non, je n'ai aucun souvenir d'avoir ressenti de la colère, uniquement de la peur et de la terreur.

Lorsque nous sommes battues à répétition jusqu'à ce que nous nous soumettions, nous perdons tout espoir de nous en sortir. Puis, nous devenons femmes, mais c'est la petite fille en nous qui réagit à notre place. Cela peut se produire dans les meilleures familles. Beaucoup trop de petites filles subissent ce genre d'outrages. Il faut leur enseigner dès l'école primaire, et même avant peut-être, à *dénoncer* toute personne qui les maltraite d'une quelconque façon. Si nous voulons que les femmes du monde entier se sentent en sécurité où qu'elles soient, nous devons réagir autrement, même si cela semble très difficile. En congédiant cet homme, j'ai fait ce que l'enfant que j'étais n'aurait jamais osé faire devant son beau-père : lui tenir tête.

✳ ✳ ✳

J'ai instauré une telle harmonie dans mon lieu de travail que tout le monde mentionne à quel point il est agréable de faire affaire avec Hay House. Mes employés sont heureux. Un ex-syndicaliste m'a dit un jour n'avoir jamais vu des commis d'entrepôt aussi heureux. Pourtant, j'ai laissé se développer un climat d'impuissance et d'abus dans ma propre maison : je n'avais pas décodé les signaux et, pour une quelconque raison, je voulais éviter de faire de vagues.

D'une certaine façon, cet événement fut une bénédiction, car maintenant je dis franchement ce que je pense *au nom de* toutes les femmes et *à* toutes les femmes. Je parle franchement, car si je ne le fais pas, comment puis-je m'attendre à ce que les autres femmes s'expriment énergiquement ? Nous percevons les hommes comme des figures d'autorité et nous, comme des victimes. C'est ainsi que nous avons été élevées : avec l'idée qu'il nous est impossible de gagner, malgré tous nos efforts. Il existe tellement de moyens insidieux de ne pas tenir en compte des femmes, de leur manquer de respect et de leur retirer tout pouvoir. Nous nous sommes battues pour notre respect de soi et malgré cela, il nous est encore difficile, voire impossible, de dire franchement ce que nous pensons. Les femmes ont tellement appris à être soumises qu'elles doivent rester à l'affût du moindre empiétement sur leur territoire. On nous a appris à nous remuer et à porter le fardeau des hommes à leur place — d'abord celui de nos pères, puis celui de nos amoureux, de nos patrons et de nos maris. Nous l'avons fait si longtemps que nous trouvons cela normal. Nous devons apprendre à sonner l'alarme. Nous nous taisons par peur d'être mal à l'aise et violentées. Combien de femmes vivent dans un environnement qui ressemble à un champ de bataille et combien d'enfants y sont élevés ? Comment parviendrons-nous à mettre fin à tout cela ? En sachant que nous en avons le pouvoir. En refusant de garder le silence. Les femmes ont laissé faire les choses ; il leur appartient donc d'y mettre un terme. Cela n'aurait jamais pu durer aussi longtemps sans le consentement explicite ou tacite des femmes. Cessons d'être complices.

Si nous n'hésitons plus à dire non, nous pouvons en prendre *l'habitude,* ce qui nous permettra de renverser complètement la situation d'abus. Garder le silence nuit aux femmes, ainsi qu'à la société dans son ensemble. Le mouvement de libération de la femme existe depuis déjà 25 ans, et pourtant, ce comportement — insulte et viol — continue d'être répandu. On dirait qu'il est typique dans la plupart des bureaux et autres milieux de travail, et les femmes ont dû le supporter. Il est donc temps que nous cessions d'accepter d'être abusées, par nous-mêmes ou notre entourage. Disons la vérité ; levons le voile sur les secrets. Si nous nous confions, le comportement cessera. Si les hommes ne peuvent plus se conduire de cette manière sans en payer le prix, ils mettront fin à ce comportement. Ne soyez pas de connivence avec eux — ce serait une honte, pour vous comme pour *toutes* les femmes. De nos jours, nous n'avons plus à tolérer des abus, quels qu'ils soient. Nous n'avons qu'à nous lever et à dire franchement ce que nous pensons. Chaque fois que l'une d'entre nous parle franchement, les autres ont un peu plus de facilité à dire la vérité.

Nous devons apprendre à fixer nos frontières de manière à nous faire respecter. Quelles sont ces frontières que les femmes doivent imposer pour s'assurer d'être toujours respectées ? Pour commencer, nous devons croire en notre for intérieur que nous en *méritons*. Souvent, nous ne remarquons même pas qu'un danger se pointe à l'horizon ou qu'il y a quelque chose qui cloche. Et lorsqu'un événement malheureux se produit, nous tombons des nues et le ressentons comme une violation de territoire. L'abus est un jeu de pouvoir qui nous domine et nous manipule. Nous nous taisons parce que nous avons peur de perdre notre emploi ; nous craignons les répercussions potentielles. Nous allons même jusqu'à nous taire lorsque l'homme avec qui nous nous apprêtons à faire l'amour ne porte pas de condom. Nous *voulons* dire franchement ce que nous pensons et crier : « Je me respecte et je ne te permettrai pas de me mettre en danger. Enfile un condom ou sors d'ici ! » Mais le faisons-nous ? Pas assez souvent. C'est la peur, la gêne et la honte qui nous en empêchent.

Lorsque nous gardons le « silence des agneaux », on nous mène à l'abattoir. Nous devenons trop mal à l'aise pour parler franchement. Nous nous rappelons ce qui s'est passé quand nous l'avons *fait* : ils ont ri de nous, ont cru qu'il s'agissait d'une blague, n'ont pas tenu compte de nos récriminations ou nous ont donné l'impression que *nous* semions la pagaille. La loi du silence s'est installée. Préservez la paix ; ne faites pas de vagues. C'est ainsi qu'on permet à l'abus de persister.

Il appartient aux femmes de rétablir la balance du pouvoir. Notre plus grande vulnérabilité se situe au niveau des agressions sexuelles et de la violence. Il faut apprendre à réagir à chaque incident avec une attitude très directe — terre-à-terre, pratique plutôt que vulnérable. Il ne s'agit pas de se transformer en ogresse qui crie des bêtises à tous les mâles sur son chemin, mais de se laisser guider par l'amour et la compassion tout en faisant montre d'une fermeté à toute épreuve.

Nous devons bâtir notre respect de soi, et ainsi nous *dirons* non. Nous devons aiguiser notre regard et notre intuition pour reconnaître les situations qui s'enveniment graduellement et de manière insidieuse. Racontez ce qui se passe aux premiers signes de dérive. Réagissez aux moindres écarts de conduite. Refusez de tolérer les comportements qui laissent à désirer. Mettez-y un frein sans tarder. Allez chercher de l'aide. Les hommes savent jusqu'où ils peuvent aller impunément, puis ils vont juste un peu plus loin ou… beaucoup plus loin. Il faut tuer dans l'œuf tout germe de comportement déplacé, même si l'écart de conduite est si mince qu'il est difficile de dire quoi que ce soit. Aux premiers signes d'abus de la part d'un homme, attirez immédiatement son attention sur son comportement, et attendez-vous à ce qu'il nie tout. Les hommes recourent à cette tactique depuis des lustres : « Qui ? Moi ? Jamais je ne ferais une chose pareille ! Je n'ai jamais fait cela de ma vie ! » Certains hommes sont si rapides, enjôleurs, expérimentés et spécialistes. Quand nous acceptons leurs excuses, nous devenons leurs complices. Nous jouons le rôle de facilitatrices. Nous grossissons les rangs des forces destructrices de la société quand nous acceptons de garder le secret. Il faut vraiment que nous nous penchions sur les secrets que nous préservons. Il y a longtemps que les femmes marchent sur des œufs, se font conciliantes à l'égard des agresseurs et continuent de prendre soin des autres. Il est temps que nous commencions à prendre soin de *nous-mêmes*.

Je n'ai pas réponse à tout, mais j'ai une grande gueule. Je parle franchement de ces sujets à chacune de mes allocutions publiques. J'encourage les femmes du monde entier à se renseigner sur ces sujets, à dire franchement ce qu'elles pensent, à s'affirmer et à déranger s'il le faut. Ensemble, nous pouvons venir à bout de ce problème en une seule génération, afin que nos filles ne vivent pas ce que nous avons subi.

Nous devons commencer à offrir des cours aux femmes pour leur apprendre à se respecter. Nous devons trouver des moyens pour être mieux préparées à répliquer lorsque nous sommes violentées ou dans une situation potentiellement violente. Tout comme pour un exercice d'incendie, il faut être prêtes et en pouvoir, et ce, en tout temps. Il est essentiel de nourrir notre respect de soi, notre amour de soi et notre estime de soi ;

autrement, nous ne serons jamais convaincues que nous méritons d'être respectées et protégées.

Apprenez à ériger une barrière énergétique, un bouclier d'énergie mentale qui vous donne le sentiment d'être protégées. Vous pouvez y arriver, entre autres, en vous visualisant en pleine possession de vos moyens où que vous soyez : à la maison, au travail, en société, partout. Reconnaissez le genre de situations où vous ne vous respectez pas et où vous n'assumez pas votre pouvoir. Jurez-vous d'arrêter cela. Commencez à assumer votre pouvoir dans votre esprit. Visualisez la façon dont vous aimeriez qu'on vous traite dans chacune de ces situations. Récitez des affirmations conçues pour assumer votre pouvoir. Ces actions enclencheront le processus de guérison. Au fur et à mesure que vous guérirez, vous deviendrez automatiquement des modèles pour vos filles.

C'est en lisant et en nous informant que nous apprenons que nous pouvons réagir autrement qu'en « suivant le courant ». Prenez le temps de vous entraîner à être aux commandes lors de situations où vous pourriez ne pas être respectées. Lorsque nous disposons d'un plan d'action bien réfléchi et bien ficelé, alors nous *assumons notre pouvoir*. Il est capital de développer notre respect de soi, de bien comprendre comment il opère et de savoir que nous avons le choix de ne pas tolérer une situation qui nous paraît inacceptable.

Il faut montrer à notre entourage comment nous entendons être respectées, dire non lorsque nous sentons qu'on s'apprête à nous manquer de respect. Il faut dire aux hommes : « Vous devez nous respecter si vous souhaitez continuer à vivre auprès de nous. » Ils doivent apprendre à faire la différence entre un comportement amical et des avances sexuelles. Lorsqu'un futur marié couche avec la meilleure amie ou la sœur de sa future épouse la veille de son mariage, son comportement porte atteinte à toutes les femmes. Ce n'est qu'un jeu de pouvoir, une violation de l'engagement ; il joue à être le roi de la montagne.

Les femmes doivent cesser de se laisser enjôler par les séducteurs. Soyons intelligentes. Les séducteurs sont des prédateurs qui courent après les femmes et leur manquent de respect. Peu importe qu'ils soient riches et beaux, ils n'en trahissent pas moins les femmes. On entend souvent les femmes dire : « Oh, mais il est si mignon ! » Il n'a pas pour autant le droit de vous retirer votre pouvoir. Cessons de nous laisser séduire par les hommes à femmes ; ce ne sont que des coureurs de jupons. Nous avons tendance à les récompenser en leur vouant de l'admiration, ce qui ne les empêche nullement de nous voler notre honneur. Il faudrait valoriser ce qui est positif chez les hommes, pas les traits de caractères qui contribuent à nous dénigrer. L'homme qui nous paraît si attirant ne sera probablement pas là le jour où vous en aurez besoin pour s'occuper des enfants.

La colère des hommes envers les femmes découle très souvent de leur relation avec leur mère. De grâce, ne vous liez d'aucune façon avec un homme qui déteste sa mère, car il finira par se venger sur vous. S'il accepte de faire une thérapie, il pourrait changer ; sinon, il détestera les femmes toute sa vie durant. Tant que nous, les femmes, garderons le silence, nous contribuerons à perpétuer les abus. Cela porte atteinte à la personne, à la famille, au milieu de travail et à la société, ce qui mine notre monde et notre avenir à nous tous.

Je vous encourage à lire l'ouvrage de Jennifer Coburn intitulé *Take Your Power Back : A Working Woman's Response to Sexual Harassment*, de même que *Too Good To Leave, Too Bad To Stay : A Step-by-Step Guide to Help You Decide Whether to Stay in or Get out of Your Relationship* de Mira Kirshenbaum. Ces deux excellents livres renferment de nombreux trucs qui vous aideront à assumer votre pouvoir.

Comme je l'ai mentionné précédemment, j'ai beaucoup de compassion pour les hommes, car ils en ont lourd sur les épaules. Mais cela ne signifie pas que je sois prête à tolérer l'abus. Aussi, je ne passerai plus jamais cette question sous silence. C'est la moindre des choses que je puisse faire pour les femmes !

⁕ ⁕ ⁕

Affirmations pour se respecter

Je suis une personne de valeur.

On me traite toujours avec respect.

J'assume mon pouvoir.

J'apporte mon soutien aux autres femmes.

Je prends facilement la parole pour défendre mon point de vue.

Je mérite d'avoir des frontières.

Mes frontières sont respectées.

Je fais des vagues chaque fois qu'il le faut.

Je dispose d'un bon réseau de soutien.

Je fais preuve d'intégrité.

Plus je suis ouverte, plus je suis en sécurité.

Mon respect de soi est très développé.

Je suis une femme qui en guérit d'autres.

Je dispose d'une solide barrière énergétique.

Les hommes que je côtoie respectent les femmes.

Je me réapproprie mon pouvoir.

Je m'aime et me respecte.

Chapitre IX

Vieillir : améliorer sa qualité de vie

L'importance démesurée que l'on accorde à la jeunesse a assez duré ! Il est temps d'aider les femmes plus âgées à développer leur plein potentiel et à les aider à vraiment trouver une place de choix dans le monde. Je souhaite favoriser la perception que toutes les femmes, en vieillissant, possèdent de l'amour de soi, du respect de soi, de l'estime de soi et ont une place de choix dans la société. Mes propos ne visent nullement à diminuer la jeune génération, mais bien à créer une véritable « égalité » entre les générations, et ce, de la façon la plus positive qui soit.

Dans la cohorte actuelle de femmes plus âgées, je vois beaucoup de peur, de maladie, de pauvreté, d'isolement et de résignation devant le « dépérissement » qui les attend. Je sais que cela n'est pas inéluctable. Notre façon de vieillir actuellement est programmée dans notre cerveau et nous l'acceptons. Sauf exception, en tant que collectivité, nous croyons que nous expérimenterons tous la vieillesse, la maladie, la sénilité, la fragilité, puis la mort, dans cet ordre. Mais ce n'est plus nécessairement vrai de nos jours. Bien sûr, nous mourrons toutes un jour, mais rien ne nous oblige à passer par la maladie, la sénilité et la fragilité.

Il est temps de cesser d'entretenir ces peurs. Il est temps pour nous toutes de renverser les aspects négatifs du vieillissement. Je suis persuadée que la deuxième moitié de notre vie peut être encore plus merveilleuse que la première. Si nous sommes prêtes à modifier notre façon de penser et à accepter de nouvelles croyances, ces années peuvent se révéler les plus précieuses de notre vie. Pour bien vieillir, il faut en faire le choix consciemment. Nous voulons plus qu'une simple augmentation de l'espérance de vie. Nous voulons pouvoir compter sur une vie riche et bien remplie jusqu'à la fin. Les années supplémentaires qui nous attendent sont une page vide ; ce que nous y inscrirons fera toute la différence.

L'histoire nous apprend que l'espérance de vie a augmenté au fil du temps, passant d'une quinzaine d'années, à une trentaine, puis à une quarantaine. Pas plus loin qu'au début du siècle dernier, une personne de 50 ans était considérée comme vieille. En 1900, l'espérance de vie était de 47 ans. De nos jours, on trouve tout à fait normal d'atteindre les 80 ans. Pourquoi ne pas faire faire un saut quantique à notre conscience et fixer le nouveau seuil à 120, voire 150 ans ?

Ce n'est pas impossible. Je nous imagine facilement, dans une ou deux générations, vivre beaucoup plus longtemps et atteindre le milieu de la vie vers 75 ans. Il y a quelques années, une étude sur le vieillissement a été menée dans une université. Les chercheurs ont découvert que le corps ne commence à vraiment vieillir que lorsqu'on atteint l'âge qui, dans notre esprit, correspond au milieu de la vie. Comme vous le voyez, le corps se plie aux décisions de l'esprit. Nous pourrions donc facilement décider que le milieu de la vie se situe non pas à 40 ou 50 ans, mais à 75 ans, et le corps acceptera facilement cette nouvelle croyance. Il est possible de modifier notre perception des différentes étapes de la vie.

Selon des études menées au Center for Demographic Studies, situé à Durham en Caroline du Nord, si les tendances observées depuis les années 1960 se maintiennent, l'espérance de vie pourrait théoriquement dépasser les 130 ans. Pas plus loin qu'en 1960, on ne comptait qu'environ 3 500 centenaires. En 1995, ils sont environ 54 000. C'est le groupe d'âge qui connaît la plus forte augmentation. L'étude conclut que rien ne permet d'affirmer que l'être humain a une espérance de vie limite et que, selon toute vraisemblance, ce sont les femmes qui vivront le plus longtemps.

Pendant des générations, nous avons laissé le nombre d'années de vie sur cette planète dicter notre façon de nous sentir et de nous comporter. En matière de vieillissement, comme pour tout autre aspect de la vie, ce que nous acceptons et croyons finit par être vrai pour nous. Eh bien, il est temps de modifier nos croyances. Je sais qu'en revisitant les notions que nous entretenons sur le vieillissement, nous traverserons cette étape en étant positives, rayonnantes et en santé.

J'entame maintenant ma 70e année et je suis grande, forte et en santé. À plusieurs points de vue, je me sens plus jeune qu'à 30 ou 40 ans parce que je suis maintenant insensible à la pression de me conformer à certaines normes de la société. Je suis libre de faire ce que je veux. Je ne cherche plus l'approbation et je ne me soucie plus de ce qu'on peut dire à mon sujet. Je marche la tête haute, puisque je ne porte plus ces fardeaux, et je me fais plaisir beaucoup plus souvent qu'avant. Je suis définitivement beaucoup moins sensible à la pression exercée par mes pairs. Autrement dit, pour la première fois de ma vie, je m'occupe de moi en priorité. Et ça fait du bien !

Lorsque je parle de vivre plus longtemps, nombre de femmes se disent : « Oh, je ne veux pas être pauvre et malade pendant toutes ces années. » N'est-ce pas étonnant que, dès que nous ouvrons la porte à de nouvelles idées et possibilités, notre esprit cherche immédiatement à se réfugier dans un cadre plus étroit ? Les dernières années de notre vie n'ont pas à être associées à la pauvreté, la maladie, l'isolement et la mort en milieu hospitalier ? Oui, bien sûr, c'est ce que nous voyons le plus souvent à notre époque. Mais c'est nous qui avons créé cela ; c'est la faute de notre ancien système de croyances ! Les pensées et les croyances que nous choisissons aujourd'hui façonneront notre vie de demain. Il n'est jamais trop tard pour modifier nos schèmes de croyances. Il fut un temps où nous étions persuadés que la Terre était plate. Aujourd'hui, nous pensons autrement.

Comme je l'ai mentionné précédemment, la vie vient par vagues, les expériences d'apprentissage alternent avec les périodes d'évolution. Nous traversons actuellement une nouvelle phase évolutive. Les bébés-boumeurs, c'est-à-dire les personnes nées entre 1946 et 1964, étaient aux premières loges lorsque ce basculement de conscience majeur s'est amorcé. Les gens qui ont 50 ans aujourd'hui sont en meilleure forme que jamais pour entamer la dernière étape de leur vie. Bill Clinton, notre président actuel, vient d'avoir 50 ans, et il a l'air d'un jeune homme*. La majorité des bébé-boumeurs vivront probablement jusqu'à 90 ans et plus. On pourrait presque dire que nous avons

* N.d.T. : À l'époque de l'écriture de la version originale du livre, soit en 1997.

deux vies adultes. Et l'on découvre aujourd'hui qu'il pourrait n'y avoir aucune limite à notre espérance de vie. Cela dépendra entièrement de nous, de la rapidité à laquelle nous comprendrons et accepterons cette nouvelle conception du vieillissement.

Je reconnais que la prolongation de l'espérance de vie devra s'accompagner d'un réaménagement complet de la façon dont opère notre société à l'heure actuelle, sans oublier tout ce qui concerne la retraite, les assurances et les soins de santé. Cela est certainement possible. Il s'agit sans contredit d'une période de grands changements pour nous tous. Nous ne pouvons pas continuer à vivre comme nous l'avons fait jusqu'à présent et nous attendre à ce que notre vie s'améliore. Il faut maintenant penser différemment, trouver de nouvelles idées et apprendre à faire les choses autrement.

Même nos habitations actuelles manquent de ce qui pourrait les rendre plus humaines et nous rapprocher les uns des autres. Je crois que l'architecture et nos modes de vie devront également s'adapter. Les copropriétés et villages pour retraités sont tellement réglementés que les aînés sont coupés de la vraie vie. Où sont les enfants et les petits-enfants ? Où est la joie ? Le rire ? Je suis d'avis que nous aurions avantage à adopter un mode de vie plus communautaire. Il faudrait augmenter le nombre de duplex afin que deux familles qui se connaissent puissent avoir chacune son propre logement tout en restant proches. Les quadruplex devraient être encore plus nombreux : deux familles habitant à l'étage pourraient tirer un revenu de la location des deux logements du dessous, une solution pratique pour réunir les enfants et leurs parents âgés. Les enfants aideraient les aînés à rester jeunes et les aînés aideraient les enfants à donner du sens à leur vie tout en les faisant profiter de leur sagesse. La société se porterait mieux si plusieurs générations d'une même famille vivaient ensemble ou à proximité.

Depuis quelques années, en raison de mon « âge », je reçois des dépliants publicitaires m'invitant à déménager dans une de ces communautés pour retraités ou maisons de retraite pour aînés actifs. Or, ces offres ne manquent jamais de faire miroiter la proximité d'un dispensaire. Voici quelques exemples des formules utilisées : « Unité de soins infirmiers professionnels attenante», «Tous les avantages d'une résidence assistée», «Services médicaux d'urgence en tout temps» et «Prise de médicaments supervisée». Le message véhiculé est, en réalité : «LORSQUE vous serez malade, nous serons là pour vous.» Je suis d'avis que cette façon de penser contribue à programmer les gens âgés pour qu'ils croient qu'ils SERONT malades un jour.

J'aimerais voir aménager une communauté pour retraités comprenant un centre de santé holistique. Plutôt que d'y trouver médecins et personnel infirmier traditionnels, il y aurait des chiropraticiens, des acupuncteurs, des homéopathes, des praticiens en médecine chinoise traditionnelle, des nutritionnistes, des herboristes, des praticiens en massage, une école de yoga, un centre de conditionnement physique, etc. Ce serait un endroit, en somme, où tous pourraient espérer vivre ses dernières années en santé et sans souci. Je suis persuadée qu'il y aurait immédiatement une liste d'attente pour un tel établissement. C'est le genre de maisons de retraite que j'aimerais voir à l'avenir.

Le culte de la jeunesse qui caractérise la culture d'aujourd'hui a ajouté à la gêne dans le regard que nous portons sur notre corps et a alimenté notre hantise des rides. Nous n'avons que du mépris pour les changements que subissent notre corps et notre visage. Comment pouvons-nous choisir d'avoir de telles pensées à notre propre égard : c'est affreux ! Mais ce ne sont que des pensées, et les pensées peuvent être modifiées. La façon dont nous choisissons de percevoir notre corps et notre personne en général est quelque chose d'acquis. J'aimerais que chacune d'entre nous rejette ces idées fausses et commence à chérir sa personne, magnifique tant à l'intérieur qu'à l'extérieur.

Les jeunes filles qui ont une piètre opinion d'elles-mêmes cherchent souvent de bonnes raisons de détester leur corps, car elles pensent qu'il est la source de leur problème. Vu l'énorme pression exercée sur nous par la publicité, nous avons souvent tendance à croire que notre corps n'est pas ce qu'il devrait être : nous ne sommes pas assez minces, pas assez blondes, pas assez grandes, notre nez est trop petit ou trop gros, notre sourire n'est pas assez éclatant, et la liste s'étire sans fin. Lorsque nous étions jeunes, très peu d'entre nous répondaient parfaitement aux critères de beauté de l'époque.

Lorsque nous avançons en âge, nous continuons de nourrir ce sentiment d'infériorité. Pour emprunter les mots de l'auteure Doreen Virtue, nous trouvons de multiples façons de « comparer *notre* intérieur avec *leur* extérieur », c'est-à-dire que nous comparons la façon dont nous nous sentons à l'intérieur avec le regard qu'ont les autres sur l'extérieur. Lorsqu'on porte en soi le sentiment de ne pas être à la hauteur, rien qui est superficiel et extérieur à soi, comme le maquillage, les vêtements, ne pourra nous en défaire. Pour nous aider à modifier une fois pour toutes nos perceptions négatives de nous-mêmes, aussi bien conscientes qu'inconscientes, nous pouvons utiliser des affirmations positives empreintes d'amour de soi, comme : « Je suis belle comme je suis » et « J'adore mon apparence ».

Il est crucial, pour notre bien-être, de constamment nous aimer et nous apprécier. Si vous n'aimez pas un aspect de votre corps en particulier, dirigez régulièrement de l'amour vers cet endroit pendant un mois.

Dites littéralement à votre corps que vous l'aimez. Vous pouvez même vous excuser de l'avoir détesté par le passé. Cet exercice a peut-être l'air simpliste, mais il fonctionne. Il est important d'aimer son corps à tout âge, et cela devient essentiel à mesure que nous vieillissons.

Carol Hansen, dans son inspirante cassette audio intitulée *Lighten Up,* invite les femmes à prendre cinq minutes chaque jour pour se masser avec de la lotion en disant à chaque partie de leur corps qu'elles l'aiment et en la remerciant de bien les servir. Le docteur Deepak Chopra (auteur de *Un corps sans âge, un esprit immortel*) conseille de se masser de la tête aux pieds avec de l'huile de sésame juste avant de prendre une douche. Tout individu, endroit ou objet, sous l'effet de l'amour, réagira en se distinguant. L'amour que vous vous donnez aujourd'hui restera avec vous toute votre vie. Tout comme nous avons appris à nous détester, nous pouvons aussi apprendre à nous aimer. Il suffit de volonté et d'un peu de pratique.

Pour accueillir de nouvelles pensées et de nouvelles idées, il est parfois nécessaire de commencer par éliminer toutes les pensées négatives qui nous encombrent l'esprit. C'est une sorte de grand ménage qui permet de se débarrasser d'un tas de vieilleries. Beaucoup d'aînés ramassent et emmagasinent des choses dont ils n'ont plus besoin, comme s'ils étaient encore à l'époque de la Grande Dépression. S'il y a chez vous des objets dont vous ne vous servez plus, défaites-vous-en. Donnez-les aux sans-abri ou à des gens qui en ont réellement besoin. Organisez une vente de débarras. Faites le ménage dans votre vie et permettez-vous de recommencer en neuf, loin des souvenirs et des vieilleries. Plongez à fond dans la vie.

Votre avenir est toujours radieux

Le passage des ans ne s'accompagne pas nécessairement d'une dégradation de la qualité de vie. Je choisis de voir ma vie évoluer dans plusieurs directions, toutes aussi bonnes les unes que les autres. Sous certains rapports, je dirais même que ça va mieux que lorsque j'étais jeune. Ma jeunesse a été marquée par la peur, tandis qu'aujourd'hui, je vis dans la confiance.

Je crois sincèrement que plusieurs de nos peurs sont inutiles. C'est une réaction que nous avons apprise. On nous a programmées ainsi. Ces schèmes de pensée sont de simples habitudes que nous pouvons modifier. Beaucoup de femmes entretiennent des pensées négatives lorsqu'elles atteignent un certain âge, ce qui pourrait expliquer leur insatisfaction.

Je veux vous aider à choisir consciemment votre vie idéale et vous faire réaliser que cette dernière étape de votre parcours de vie pourrait être la plus satisfaisante de toutes. Soyez convaincues que votre avenir sera toujours radieux, peu importe votre âge. Voyez cette dernière tranche de vie comme étant la plus précieuse de toutes. Vous pouvez devenir une *aînée d'élite*, une personne qui se sait capable, à tout âge, d'être un maillon solide, actif et indispensable de la société.

Assoyez-vous en silence et concentrez-vous sur votre intérieur. Pensez à toutes les fois où vous avez ressenti de la joie, et laissez votre corps éprouver cette joie. Rappelez-vous toutes les fois où vous avez réussi quelque chose, où vous avez fait quelque chose dont vous étiez fière, même à petite échelle. Chérissez ces sentiments, cette joie et cette confiance. Imaginez-vous maintenant dans 10 ans. Comment êtes-vous et que faites-vous ? À quoi ressemblez-vous ? Comment vous sentez-vous ? La joie est-elle encore présente en vous ? Projetez-vous maintenant 20 ans plus tard. Que voyez-vous ? Êtes-vous active, alerte et intéressée par la vie ? Êtes-vous entourée d'amis qui vous aiment ? Vous adonnez-vous à des activités qui vous comblent ? Qu'apportez-vous à la vie ? Le moment présent est le temps de visualiser et de créer votre avenir. Faites en sorte qu'il soit aussi radieux, sain et joyeux que possible. C'est votre vie et vous allez la vivre.

Ne croyez jamais qu'il est trop tard ou que vous êtes trop vieille pour avoir des rêves et des objectifs. Ce sont les rêves et les objectifs qui nous gardent jeunes et enthousiastes. Vivez chaque instant le plus pleinement possible et oubliez le passé.

Personnellement, j'étais déjà au milieu de la quarantaine lorsque ma vie a commencé à prendre tout son sens. J'avais 50 ans lorsque j'ai fondé ma maison d'édition. Oh, elle était toute petite alors : la première année, mon bénéfice net s'est élevé à 42 $. À 55 ans, je me suis lancée dans le monde de l'informatique. Les ordinateurs me faisaient peur, mais j'ai suivi des cours et j'ai surmonté mes craintes. Aujourd'hui, je possède trois ordinateurs et ne voyage jamais sans mon portable. J'avais 60 ans lorsque j'ai eu mon premier jardin. À la même époque, je me suis inscrite à des cours de peinture pour débutants et j'ai commencé à peindre. Aujourd'hui, j'ai 70 ans et, d'année en année, je suis de plus en plus comblée et créative. J'écris, je donne des conférences et j'enseigne. Je lis et j'étudie sans cesse. Je possède une maison d'édition prospère. Je me consacre avec passion à mon potager biologique. Je fais pousser presque tout ce que je mange. J'adore les gens et les réceptions. J'ai de nombreux amis attentionnés. Je voyage énormément. Je suis des cours d'arts plastiques une fois par semaine. Ma vie est vraiment devenue un coffre au trésor rempli d'expériences.

Beaucoup d'entre vous, comme moi, font maintenant partie de la catégorie des aînés. C'est le moment de voir la vie d'un autre œil. Rien ne vous oblige à traverser cette tranche de vie en copiant le modèle de vos parents. Vous et moi pouvons créer un nouvel art de vivre, changer toutes les règles. Lorsque nous avançons dans la vie en étant conscientes de tous ces trésors en nous et en les utilisant, notre route ne peut croiser que de belles choses. Nous pouvons savoir et affirmer que tout ce qui nous arrive est pour notre plus grand bien et notre plus grand bonheur, et nous sommes persuadées que nous ne pouvons nous tromper.

Plutôt que de simplement vieillir, abandonner la partie et mourir, apprenons à redonner généreusement à la vie. Nous avons le temps, le savoir et la sagesse nécessaires pour nous engager dans la société avec amour et pouvoir. Le monde fait face à de nombreux défis en ce moment. Nous sommes interpellées par des questions et problèmes d'envergure planétaire. Voyons où nous pourrions investir notre énergie de manière à aider la planète. Il doit bien y avoir une raison à notre longévité accrue. Que sommes-nous censées accomplir avec le surplus de temps qui nous est alloué ? Se contenter de jouer à des « jeux » risque de devenir monotone avec le temps.

Si vous ou une personne de votre entourage fréquentez un foyer pour personnes âgées, plutôt que de parler de vos maladies, discutez de la façon d'instaurer collectivement un changement positif dans votre communauté. Comment pourriez-vous contribuer à améliorer la vie de chacun ? Peu importe l'ampleur de votre projet, il est significatif. Si chaque aîné apporte sa contribution personnelle, notre pays ne s'en portera que mieux.

Si nous œuvrons dans tous les segments de la société, notre sagesse finira par pénétrer dans toutes ses strates, et notre pays deviendra un lieu empreint d'amour et de bonté. Alors, je vous en prie : lancez-vous, faites retentir votre voix, allez dans le monde et VIVEZ ! Vous avez l'occasion de recouvrer votre pouvoir et de constituer un héritage que vous serez fières de laisser à vos petits-enfants et à leurs petits-enfants.

On demande toujours aux écoliers : « Que veux-tu faire quand tu seras grand ? » On leur enseigne à planifier leur avenir. Nous devons adopter la même attitude et planifier nos dernières années de vie. Que voulons-nous faire quand nous serons âgés ? Je veux être une aînée d'élite qui contribue à la société de toutes les façons possibles. Maggie Kuhn, chef des Panthères grises, un groupe d'activistes, disait ceci : « Je veux mourir dans un aéroport, mon porte-documents sous le bras, après avoir mis la dernière main à un projet bien ficelé. »

Que nous ayons 14, 40 ou 80 ans, nous vieillissons toutes et nous rapprochons de l'instant où nous quitterons cette planète. Chacun de nos gestes, chacune de nos paroles et chacune de nos pensées nous prépare à cette ultime étape. Vieillissons consciemment et mourons consciemment. Nous devrions toutes nous demander comment nous voulons vieillir. Regardez autour de vous et remarquez comment certaines femmes, en prenant de l'âge, sont misérables, alors que d'autres sont magnifiques. Quels comportements les distinguent ? Êtes-vous prête à faire les efforts nécessaires pour vivre la dernière étape de votre vie en santé, heureuse et comblée ?

Il importe ensuite de nous demander comment nous voulons mourir. Nous nous penchons sur un nombre incalculable de sujets au cours d'une vie, mais rarement sur notre mort, sauf pour en avoir peur. Peu importe comment vos parents sont décédés, vous pouvez choisir d'en faire une expérience positive lorsque votre tour viendra. Comment vous y préparez-vous ? Souhaitez-vous mourir malade et impuissante, clouée sur un lit d'hôpital et intubée ou, le moment venu, inviter vos amis à une réception avant de vous retirer pour faire la sieste et de vous endormir définitivement ? Je préfère nettement faire la fête, et je me programme pour que ma vie se termine de cette façon. Si l'idée que vous vous faites de la mort est négative, vous pouvez toujours la modifier. Nous sommes toutes capables de faire de notre mort une expérience joyeuse et paisible.

En prenant conscience du parallèle qui existe entre notre vie et l'énergie qui nous habite, nous pouvons participer à la guérison de la planète. Tout processus de guérison repose en grande partie sur notre capacité à reconnaître les liens qui nous unissent à la Vie dans son ensemble et à contribuer à la transmission d'énergie thérapeutique positive dans le monde. Nous sommes trop nombreux à rester prisonniers de notre propre énergie, inconscients du pouvoir de guérison qu'offrent le don et le partage. La guérison est un processus sans fin. Si nous attendons d'être « guéries » pour commencer à répandre de l'amour, nous pourrions très bien ne jamais avoir la possibilité de le faire.

Lorsque les aînées commenceront à faire tout ce dont on les croyait incapables, la phrase « Je suis trop vieille pour ceci ou cela » n'aura plus cours. Peut-être ne commencerons-nous à nous sentir « trop vieilles » que peu de temps avant notre mort ? Rien ne nous empêche d'être pleines de vie jusqu'à nos derniers jours.

À Dallas, des femmes âgées de 62 à 80 ans se réunissent régulièrement pour pratiquer le karaté. Elles ont fondé le *Steele Magnolias*, un groupe qui fait des démonstrations dans les centres d'accueil pour montrer aux aînées qu'elles peuvent encore pratiquer ce sport. Inutile de préciser qu'elles savent se défendre en toutes circonstances !

Il existe également, partout au pays, des aînées qui se regroupent pour investir à la bourse. Certains de ces regroupements ont eu passablement de succès ; qu'on pense seulement au *Beardstown Ladies Common Sense Investment Guide*, un livre écrit par un groupe d'aînées de l'Illinois qui s'est vendu à plus de 300 000 exemplaires.

Récemment, en Pennsylvanie, une étude a démontré que des personnes âgées de 80 à 100 ans qui s'adonnent à la musculation peuvent revitaliser leur corps. Elles ont réveillé des muscles qui dormaient depuis des années et ont appris à s'en servir de nouveau. Les dysfonctionnements souvent associés au vieillissement ne sont en réalité que les conséquences de nombreuses années d'inactivité. Les entraîneurs savent qu'une personne de 90 ans et plus peut, en moins de deux mois, tripler sa force musculaire. Ce type d'exercice contribue également à accroître l'acuité mentale.

Nous découvrons qu'un cerveau ne dépérit ni ne meurt que lorsqu'on cesse de s'en servir. Tant que nous continuons à le stimuler mentalement et à faire de l'exercice, tant que la vie nous intéresse, nous restons vifs d'esprit. La vie devient réellement monotone lorsque notre mental n'est pas stimulé. Les gens qui ne font jamais d'exercice et ne cessent de parler de leurs maladies mènent une existence étriquée.

Presque toute la recherche portant sur les aînés a été financée par l'industrie pharmaceutique, qui s'intéresse uniquement aux maladies, à ce qui va « mal » chez cette population, ainsi qu'aux médicaments dont elle a besoin. Il nous faut des études poussées portant sur des personnes âgées en santé, heureuses, comblées et qui aiment la vie qu'elles mènent. Plus nous étudierons ce qui va « bien » chez cette population, plus nous saurons comment vivre en santé. Malheureusement, comme les sociétés pharmaceutiques ne font pas d'argent avec la santé, elles ne financent pas de telles études.

Peu importe notre âge et les difficultés auxquelles nous faisons face, nous pouvons commencer à apporter des changements positifs aujourd'hui même. Si nous consentons, dans un premier temps, à nous aimer et à nous chérir, nous apprendrons à aimer. En nous aimant un peu plus chaque jour, nous serons plus ouvertes à accueillir l'amour des autres. La loi de l'amour exige que l'on insiste sur ce que l'on *veut* plutôt que sur ce que l'on *ne veut pas*. Concentrez-vous à *vous* aimer. Répétez l'affirmation suivante : « *J'aime tout de moi en ce moment* ».

Pour être respectées et estimées dans nos vieux jours, nous devons préparer le terrain en respectant et en estimant les personnes âgées de notre entourage actuel. La façon dont nous les traitons aujourd'hui influencera la façon dont les autres nous traiteront à cette étape de notre vie. Il faut non seulement se remettre à l'écoute de nos aînés, mais écouter la nouvelle voix émergente de nos femmes d'âge mûr qui sont pleines de vitalité. Elles ont tant de choses à nous apprendre. Ces femmes débordent d'énergie, de savoir et de sagesse. Elles voient la vie comme un chemin menant à l'éveil ; au lieu de vieillir, elles grandissent continuellement.

Je recommande chaudement *New Passages : Mapping Your Life Accross Time*, un livre de Gail Sheehy. Sa conception éclairée d'une nouvelle grille de l'âge adulte et des possibilités de changements à venir m'a profondément touchée, au point de vouloir aider tout le monde à devenir des aînés d'élite le moment venu. Quel que soit votre âge, vous vivrez probablement très longtemps ; il n'est pas trop tôt pour commencer à préparer une vieillesse heureuse et comblée.

Les affirmations, entre autres, peuvent vous aider à apporter ces changements positifs dans votre vie. Bien que toutes les pensées et les paroles que nous utilisons soient des affirmations, « faire des affirmations » signifie de créer des énoncés positifs nous permettant de reprogrammer consciemment notre esprit pour qu'il s'adapte à un nouveau mode de vie. Choisissez des affirmations qui vous donnent du pouvoir à titre d'aînée, d'aînée d'élite. Répétez-en quelques-unes chaque jour au réveil et au coucher, de manière à commencer et à terminer la journée sur une note positive.

Affirmations pour devenir une *aînée d'élite*

J'ai toute la vie devant moi.
Je suis jeune et belle… à tout âge.
Je contribue à la société, de manière productive et satisfaisante.
Je gère mes avoirs, ma santé et mon avenir.
Je suis respectée de tous ceux qui croisent mon chemin.
Je respecte les enfants et les adolescents que je côtoie.
J'entame chaque nouvelle journée avec énergie et joie.
Je vis chaque journée le plus intensément possible.

Je dors bien la nuit.
Chaque jour, de nouvelles pensées
habitent mon esprit.
Ma vie est une merveilleuse aventure.
Je suis disposée à vivre tout
ce que la vie me réserve.
Ma famille me soutient et je la soutiens
à mon tour.
Je n'ai aucune limite.
J'exprime franchement mon opinion
et les élus m'entendent.
Je prends le temps de m'amuser
avec mon enfant intérieur.
Je médite, me promène tranquillement et apprécie
la nature ; j'apprécie le temps que je passe seule.
Le rire occupe une place de choix dans ma vie ;
je me laisse aller.
Je trouve des façons d'aider à guérir
la planète et je les mets en œuvre.
Je contribue à créer de l'harmonie dans la vie.
J'ai tout mon temps.
Je chéris mes dernières années.

Méditation favorisant la guérison

Chaque année qui s'écoule me remplit de joie. Mon savoir s'enrichit et je suis en lien avec ma sagesse. Je sens la direction des anges à chaque étape. Je sais comment vivre, ce qu'il me faut faire pour rester jeune et en santé. Mon corps se renouvelle à chaque instant. Je jouis d'une grande vitalité, je suis vive, en santé, je me sens vivante et je continuerai jusqu'à mon dernier souffle de prendre une part active dans la société. J'accepte d'avoir l'âge que j'ai. Je crée le genre de relations que je désire. Je crée la prospérité dont j'ai besoin. Je sais triompher. Je chéris mes dernières années et je deviens une aînée d'élite. Je participe maintenant à la vie de toutes les façons possibles, sachant que je suis amour, joie, paix et sagesse infinie, maintenant et à jamais.

Ainsi soit-il!

✳ ✳ ✳

Chapitre X

Se doter d'un solide avenir financier

Les femmes ont été tellement protégées par les hommes qui partageaient leur vie et qui avaient souvent pour leur dire qu'une femme ne doit pas « fatiguer sa jolie petite tête » en pensant aux questions d'argent. Le papa et le mari vont s'en occuper. C'est une très mauvaise façon de préparer les femmes au divorce et au veuvage. Nos jolies petites têtes sont amplement aptes à jongler avec les chiffres. Au primaire et au secondaire, les filles dépassent presque toujours les garçons en mathématiques.

Il est maintenant temps pour les femmes de s'intéresser aux opérations bancaires et aux placements. Nous avons toutes les compétences voulues. Chaque femme doit être financièrement indépendante, mais on ne nous apprend presque jamais rien au sujet de l'argent, à la maison comme à l'école. L'économie ne nous est pas enseignée non plus. Dans la famille traditionnelle, l'homme s'occupait des questions d'argent et la femme, des enfants et du ménage. Quantité de femmes se débrouillent beaucoup mieux que les hommes avec l'argent, et certains hommes surpassent de beaucoup les femmes dans le ménage et la cuisine. Affirmer que le monde des finances est un monde d'hommes n'est qu'une autre façon de garder les femmes « à leur place ».

Le mot « *finance* » effraie plusieurs femmes uniquement parce qu'il s'agit d'un sujet qui leur est encore inconnu. J'estime qu'il nous faut aller au-delà des préjugés et cesser de croire que les femmes ne comprennent rien à l'argent. Nous croyons ne rien connaître, mais nous sommes plus intelligentes que nous le pensons et nous sommes certainement capables d'apprendre. Il faut suivre des cours, écouter des enregistrements, lire des livres et former des groupes d'étude. Lorsque nous connaîtrons mieux le monde de l'argent et des finances, nous ne serons plus aussi intimidées.

Ici, à San Diego, des cours gratuits sont offerts par des groupes sans but lucratif comme le Women's Institute for Financial Education et le Consumers Credit Counselors. La plupart des collèges et universités offrent, les soirs et les week-ends, des cours dans un cadre de formation continue. Ces cours visent à aider les femmes à s'initier au monde de la gestion financière et des placements et à leur donner ainsi confiance. Je suis persuadée que vous trouverez des cours semblables dans votre région. Renseignez-vous.

Toutes les femmes doivent s'initier au monde de l'argent, des finances et des placements. Même si vous êtes heureuse avec votre mari, que vous aimez être une femme au foyer, que vous adorez vos enfants, et tout cela, vous devez connaître ces choses. Qu'arriverait-il si votre mari décédait subitement ou demandait le divorce et que vous étiez obligée d'élever vos enfants seule ? C'est dans ces situations que les femmes se retrouvent en difficulté si elles ne sont pas renseignées sur la question. Suivez les cours nécessaires tandis que vous le pouvez. Si vous le faites avant d'en avoir besoin, peut-être n'aurez-vous jamais à vous en servir. Savoir et pouvoir vont toujours de pair.

Même si nous commençons à épargner à toute petite échelle, nous faisons un pas vers la richesse. Il est amusant de voir grossir ses économies et de les faire fructifier. L'étape suivante consiste à placer son argent. Vient un temps où votre argent travaille pour vous, au lieu du contraire. Il y a déjà un bon moment que j'utilise l'affirmation suivante : **MON REVENU NE CESSE D'AUGMENTER ET JE PROSPÈRE DANS TOUT CE QUE J'ENTREPRENDS.** J'en ai fait une règle de vie personnelle et il ne tient qu'à vous d'en faire autant. Cela vous aidera à modifier la conscience que vous avez de l'argent. Je sais ce que je dis, car je viens d'un milieu pauvre au sens le plus strict du mot. J'ai passé une grande partie de ma vie sans le sou. Loin d'être habitée par la notion de prospérité, j'hébergeais en moi la pauvreté. Je dois ma vie d'aujourd'hui à l'éveil de ma conscience. Dès que j'ai changé ma perception de moi-même, de la vie et de l'argent, ma conscience a suivi et tout mon univers s'est transformé.

Au moment de la Dépression, j'étais bébé. Il n'y avait pratiquement pas d'argent en circulation. Durant toute mon enfance, nous n'avions pas d'eau chaude et nous cuisinions sur un poêle à bois. Le mot « réfrigérateur » n'était même pas dans notre vocabulaire tant cet objet de luxe nous était étranger. Mon père travaillait grâce à la WPA, une mesure gouvernementale d'aide aux chômeurs. Il gagnait alors très peu d'argent. Je me souviens de mon emballement lorsque j'ai finalement décroché mon premier emploi dans un magasin bon marché. Mais c'était ma conscience qui s'élargissait alors. Je travaillais à la fois dans l'entrepôt et dans un petit restaurant. J'ai fait toutes sortes de petits boulots parce que ma conscience croyait que c'était ce que je méritais. J'ai mis beaucoup de temps à me défaire de ces croyances. Au fur et à mesure que ma compréhension augmentait, je prenais conscience de toute la richesse de l'univers. Cette abondance est au service de ceux qui élargissent leur conscience. L'Univers adore être généreux. C'est nous qui avons du mal à recevoir. Nous continuerons à vivre dans le manque tant que notre conscience restera trop étriquée pour accepter l'idée selon laquelle nous *avons le droit* de prospérer, nous le *méritons* et nous en sommes *capables*. Ce n'est que dans ces conditions que nous permettrons à l'Univers d'être généreux à notre endroit.

La plupart des femmes affirment : « Je veux de l'argent », « J'ai besoin d'argent ». Et pourtant, nous faisons tout pour ériger autour de nous des barrières empêchant l'argent d'arriver jusqu'à nous. Les ateliers sur la prospérité sont les plus difficiles à donner. Les gens s'offusquent au plus haut point lorsqu'on remet en question leurs croyances en matière de prospérité. En général, il n'y a pas de femmes plus persuadées qu'elles vont rester pauvres et plus furieuses lorsque leurs croyances sont remises en question… que celles qui sont le plus dans le besoin. N'importe qui peut modifier ses croyances restrictives, mais on dirait que plus il y en a à changer, plus le processus est difficile, plus on a peur et on devient protectrices.

N'oubliez surtout pas de faire votre liste intitulée MES CROYANCES À PROPOS DE L'ARGENT. Inscrivez-y toutes vos croyances, tous les commentaires que vous avez entendus dans votre enfance sur l'argent, le travail, la rémunération et la prospérité. Décrivez également vos sentiments par rapport à l'argent. Le détestez-vous ? Le considérez-vous comme « sale » ? Vous effondrez-vous lorsque vous en avez ? Avez-vous déjà dit des mots doux à un billet de 10 $? Bénissez-vous vos billets de banque lorsque vous les recevez ? Avez-vous déjà remercié la compagnie de téléphone de vous fournir le service et de vous faire confiance pour le paiement des factures ? Êtes-vous reconnaissante lorsque vous recevez de l'argent, ou vous plaignez-vous toujours que c'est insuffisant ? Examinez sérieusement votre attitude par rapport à l'argent et la façon dont vous le traitez ! Vous pourriez avoir des surprises.

Les premières fois où j'ai fait plus d'argent que le strict nécessaire, je me suis sentie extrêmement coupable. J'essayais de le donner ou je le dépensais en folies, de manière à me retrouver de nouveau sans le sou. À l'époque, avoir un surplus d'argent était si contraire à mes croyances que je m'arrangeais inconsciemment pour m'en débarrasser. J'ai mis beaucoup de temps à modifier mes croyances et à savoir que je méritais de faire de l'argent, d'en jouir et d'en épargner.

Les femmes doivent comprendre que, ce qui nous arrive dans la vie, nous l'avons d'abord créé dans notre conscience, et par conséquent, nous l'avons déjà gagné — gagné par droit de conscience. Nous déposons nos contributions mentales (les affirmations positives) dans notre compte en banque cosmique. Lorsqu'il y en a assez, elles nous reviennent sous forme de prospérité. Ne vous sentez pas coupable de vous faire plaisir. Vous l'avez déjà gagné ! Vous n'avez rien à débourser : vous avez déjà fait votre travail. C'est ce qui explique que vous ayez reçu votre dû.

Lorsque votre revenu commence à augmenter, que votre travail s'améliore, que l'argent commence à affluer, vous l'avez déjà gagné en conscience. Profitez de ce nouvel état. Voici une bonne affirmation à utiliser dans les circonstances : JE L'AI DÉJÀ GAGNÉ. JE LE MÉRITE. JE L'AI DÉJÀ GAGNÉ. Puis, soyez reconnaissante. Comme je l'ai mentionné précédemment, l'Univers aime les gens reconnaissants.

Ne perdez pas de temps à vous demander pourquoi vous êtes prospère tandis que d'autres femmes ne le sont pas. Nous sommes toutes régies par la loi de notre propre conscience. Chacun a la capacité de s'attirer ce qu'il y a de bon dans la vie : il lui suffit d'ouvrir sa conscience à de nouvelles idées. L'éveil spirituel est toujours à notre portée ; il appartient à chacune d'être prête à l'accepter. Lorsque l'élève est prêt, le maître se présente – pas une seconde plus tôt, pas une seconde plus tard.

Je conseille aux femmes de se verser une dîme. C'est une pratique très efficace qui envoie le message suivant à l'Univers : « J'en vaux la peine, je le mérite et je l'accepte. » Je vous conseille de déposer dans un compte à votre nom de 10 % à 20 % de vos revenus. Cet argent ne doit pas servir à payer les dépenses courantes. Vous devez l'épargner et ne l'utiliser que pour les gros achats, comme l'acquisition d'une maison ou le démarrage d'une entreprise. Ainsi, vous ne serez pas tentée de puiser dans vos économies. Même si les sommes déposées sont minimes, c'est un début. Vous serez surprise de la vitesse à laquelle on peut économiser. Se verser une dîme est un geste d'amour envers soi-même qui aide à se valoriser.

L'Église vous demande de verser une dîme uniquement à Dieu, par le truchement de dons à la paroisse que vous fréquentez. Mais vous faites partie de Dieu. Vous faites partie de « Tout ce qui est ». Versez une dîme à votre source de vie spirituelle si vous le voulez, mais versez-vous-en une aussi. Et ne faites pas l'erreur d'attendre de gagner plus d'argent. Si vous pensez ainsi, sur le plan de la pauvreté, vous ne gagnerez jamais assez pour vous verser une dîme. Vous devez, dès maintenant, faire un acte de foi et prélever cet argent à la source avant même d'avoir pu y toucher. Faites votre budget en fonction de ce qui reste. Cet exercice aura des effets étonnamment positifs sur votre vie. Quand on se verse une dîme, on crée une sorte d'aimant qui attire l'argent !

⁕ ⁕ ⁕

Chapitre XI

Se soutenir entre femmes

Un groupe de soutien « Femmes de pouvoir » pourrait servir de catalyseur pour aider des femmes à déterminer leurs croyances restrictives grâce à la pratique de certains exercices, l'utilisation d'affirmations positives pour modifier les anciennes croyances, l'appréciation des changements de vie positifs et le partage de la démarche. Le travail de groupe offre une merveilleuse énergie pour appuyer la transformation.

Il n'est pas nécessaire que vous soyez parfaite pour fonder un groupe de soutien Femmes de pouvoir. Cependant, vous devez *à tout prix* mettre en pratique ces idées et ces principes dans votre propre vie, avoir le désir de partager ces informations, avoir le cœur ouvert et être disposée à écouter les autres.

Diriger un groupe est une expérience de développement personnel aussi bien pour la responsable que pour les participantes. Il faut donc vous attendre à être, vous aussi, confrontée à vos difficultés. N'est-ce pas formidable ? C'est l'occasion de poursuivre les processus de guérison et d'évolution. N'oubliez pas que l'amour de soi et l'amour du prochain sont nos buts les plus importants sur Terre.

Un groupe de soutien Femmes de pouvoir peut prendre la forme d'une réunion informelle entre amies, à raison d'une fois par semaine, par exemple. Vous pouvez, à chaque séance, discuter du contenu d'un des chapitres de ce livre et progresser au rythme d'un chapitre par semaine. Vous pouvez également puiser plus de matière dans mes autres livres, dont *Transformez votre vie* et *Vivre ! : Réflexions sur la plus merveilleuse aventure.*

Votre groupe de soutien ne doit pas servir de prétexte à vous réunir pour pleurer sur votre sort. Servez-vous-en pour passer à l'étape suivante de votre évolution personnelle. Rien ne sert de soutenir d'anciens schèmes de comportement et de s'apitoyer sur la participante dont le sort est le moins enviable cette semaine-là. Le groupe doit servir à épauler des changements positifs.

Lignes directrices générales

Il importe avant tout de trouver en QUOI vous croyez. Cela pourrait se montrer extrêmement révélateur. Insérez plusieurs feuilles de papier dans votre classeur et, dans le haut, inscrivez sur chacune MES CROYANCES À PROPOS...

- Des hommes
- Des femmes
- De moi-même
- Des relations interpersonnelles
- De l'engagement
- Du mariage
- De la famille
- Des enfants
- Du travail
- De l'argent
- De la prospérité
- Des placements
- De la santé
- Du vieillissement
- De la mort

Ces croyances constituent les fondements de vos règles de vie. Il est impossible d'apporter des changements positifs dans votre vie avant d'avoir découvert vos croyances négatives.

Lorsque vous aurez à peu près terminé vos listes, parcourez-les.

Marquez d'un astérisque toutes les croyances qui vous nourrissent et vous soutiennent : elles sont à conserver et à consolider.

Marquez d'un crochet toutes les croyances négatives qui vous éloignent de vos objectifs : elles vous ont empêchée jusque-là d'exploiter tout votre potentiel. Elles sont à effacer et à reprogrammer.

Augmentez au besoin le nombre de thèmes. Si vous travaillez sur un thème par semaine, en donnant à chaque participante le temps de parler de sa liste.

Voici quelques suggestions pour vous aider à mettre sur pied un groupe de soutien :

1. Créez une atmosphère rassurante où chacune se sent confiante d'aborder des sujets graves. À cet effet, vous pouvez demander à chaque membre de prêter un serment de confidentialité, confier au groupe certaines de vos propres croyances à reprogrammer et préciser que les réunions sont des occasions de laisser tomber le masque que nous portons souvent. Nous

savons bien que personne ne mène une vie « parfaite ». Les rencontres doivent nous aider à trouver de nouvelles façons de faire face à nos difficultés. Les réunions peuvent avoir lieu dans votre salle de séjour, une salle de conférence ou une église.

2. Cultivez votre capacité à accepter l'autre sans porter de jugement. Ne dites à personne ce qu'elle « devrait » faire. Suggérez des façons de changer ses pensées et points de vue. Si les gens se sentent jugés, ils passeront immédiatement en mode résistance.

3. Centrez-vous avant chaque séance. Utilisez des affirmations comme celles-ci : « *L'Esprit guide mes pensées, mes paroles et mes actions tout au long de la séance* » et « *Je dirige le groupe en m'appuyant sur la sagesse divine qui m'habite* ». S'il se produit un incident, prenez immédiatement une grande respiration et formulez tout bas une affirmation positive.

4. Voici quelques consignes à transmettre aux participantes dès la première rencontre :

   - Soyez à temps !
   - Engagez-vous à assister à toutes les rencontres. L'assiduité est importante.
   - Écoutez attentivement et respectez chaque séance de partage individuelle.
   - N'intervenez PAS lorsque quelqu'un se confie.
   - Demandez à chaque membre de s'engager à respecter le caractère confidentiel des problèmes discutés en groupe. Il est important que les participantes se sentent en confiance lorsqu'elles se confient.
   - Au besoin, recentrez la discussion sur le problème, pas sur l'« histoire » globale.
   - Encouragez les participantes à parler au « je », comme dans : « Je sens que… » au lieu de : « Ils m'ont forcé à… ».

- Respectez le temps alloué à chacune et assurez-vous que tout le monde a l'occasion de se confier.

5. Il est important que toutes les participantes puissent s'exprimer à chaque séance. Si le groupe est grand, formez des sous-groupes de cinq ou six personnes pour les exercices et le partage.

6. Il arrive qu'une personne dans le groupe dérange les autres, par exemple en parlant trop. Il faut comprendre que toute tentative de dominer le groupe découle de la crainte de ne pas être à la hauteur ou de ne pas recevoir suffisamment d'attention. Il est préférable d'avoir une conversation privée avec cette personne après la séance et de lui dire avec compassion : « Je comprends que vous ayez beaucoup de choses à partager avec le groupe, mais j'ai peur que les participantes qui sont moins sûres d'elles se sentent inhibées. La semaine prochaine, pourriez-vous laisser les autres parler avant vous et leur donner la chance de se confier ? Merci. » Vous

pouvez aussi lui confier une tâche pour la semaine suivante : cela aide parfois.

7. Il n'y a rien de tel que l'expérience concrète pour susciter des prises de conscience. Incorporez dans chaque séance un exercice pratique au choix, comme le travail devant le miroir, la méditation sur l'enfant intérieur, l'exercice portant sur les « je devrais », etc.

8. Faites preuve de souplesse. Selon l'interaction dans le groupe, il se peut que vous n'ayez pas le temps d'aborder toutes les questions prévues à l'horaire. Comme le principe de l'action divine juste est toujours à l'œuvre, faites confiance au processus et les choses se dérouleront comme il se doit !

9. Surveillez-vous régulièrement, de même que vos réactions. Si vous commencez à vous sentir angoissée ou incompétente, prenez quelques respirations profondes, détendez-vous et récitez une affirmation positive en silence.

10. Évitez d'argumenter avec une participante qui semble décidée à rester coincée. Essayez de ne pas vous sentir déprimée par les drames des autres. À titre de chef de groupe, vous devez apprendre à entretenir la CERTITUDE que la guérison est possible pour tout le monde, indépendamment des facteurs extérieurs. La VÉRITÉ, c'est que l'Esprit est plus puissant que la maladie, les ennuis d'argent ou les problèmes relationnels !

11. Cultivez le sens de l'humour ! Le rire est une merveilleuse façon de nous amener à voir les choses sous un nouvel angle.

12. Vous verrez que les participantes auront souvent besoin d'exprimer des émotions très intenses pour s'en libérer. Il est important que vous soyez capable de gérer l'expression du chagrin, de la colère ou de la rage si vous désirez aider les autres à exprimer ces émotions. Si vous avez peur des émotions intenses, peut-être devriez-vous demander à un thérapeute en qui vous avez confiance de vous aider à explorer vos peurs.

13. Après chaque séance, placez-vous devant le miroir et dites-vous que vous avez fait du bon travail, surtout si c'est la première fois que vous dirigez un groupe.

14. Commencez et terminez chaque séance par une méditation ou un exercice qui aide à se centrer. Ce peut être aussi simple que de demander à tout le monde de fermer les yeux et de prendre quelques respirations profondes. Personnellement, j'aime bien inviter les participantes à se tenir par la main et à sentir l'énergie qui circule d'une main à l'autre. Puis, je leur rappelle que chaque personne ici présente recherche la même chose : être en santé et prospère, donner et recevoir de l'amour et s'épanouir dans la créativité. Lors de la méditation de clôture, je leur dis que nous avons toutes appris quelque chose qui contribuera à améliorer notre qualité de vie, y compris moi. J'ajoute ensuite que tout est bien et que nous sommes en sécurité.

15. Chaque groupe est différent et chaque séance sera différente. Apprenez à suivre l'énergie du groupe et de la séance.

16. Vous aurez besoin du matériel suivant à chacune des séances :

    - Un lecteur pour faire jouer de la musique ou des méditations guidées ;
    - Un miroir à main ou pleine longueur, ou les deux ;
    - Du papier et des stylos ;
    - Plusieurs boîtes de mouchoirs en papier ;
    - Des bougies ou de l'encens pour créer une atmosphère propice au recueillement (optionnel).

17. Demandez aux participantes d'apporter à chaque séance un cahier de notes et un miroir à main. Vous pouvez aussi leur conseiller d'apporter un coussin pour s'asseoir ou méditer, ainsi qu'une peluche à serrer contre soi !

✳ ✳ ✳

✳ Conclusion ✳

Nous sommes toutes persuadées d'avoir une foule de problèmes. Et pourtant, nous pouvons les regrouper tous en seulement quatre grandes catégories : l'amour, la santé, la prospérité et l'expression de soi. Alors, oubliez leur nombre impressionnant et songez que vous n'avez que quatre aspects de votre vie à améliorer. Et l'amour est au premier plan. Quand on s'aime, il est facile d'aimer les autres et d'être aimée, ce qui a pour effet d'améliorer nos relations interpersonnelles et nos conditions de travail. L'amour de soi est le pilier de la santé. S'aimer et aimer la vie nous lient à la prospérité de l'Univers. L'amour de soi débouche sur l'expression de soi et permet d'être pleinement créatives de la manière la plus satisfaisante qui soit.

Nous sommes toutes des pionnières !

À mon avis, chaque femme est aujourd'hui une pionnière. Les pionnières d'autrefois nous ont ouvert la voie. Elles ont pris des risques, connu l'isolement, la peur, la pauvreté et les privations. Elles ont dû aider à bâtir leur abri et fouiller pour trouver leur nourriture. Les femmes mariées voyaient souvent leur mari s'absenter de longs mois. Elles devaient se débrouiller seules et s'occuper des enfants. Elles devaient trouver leurs propres ressources. Ce sont elles qui ont préparé le terrain pour la colonisation de notre pays. Les hommes n'auraient jamais fait de ce pays ce qu'il est devenu sans ces femmes courageuses.

Les pionnières de notre époque sont comme vous et moi. Nous avons une occasion sensationnelle de nous épanouir et de créer l'égalité entre les sexes. Nous voulons nous épanouir là où nous avons pris racine et améliorer la vie de l'ensemble des femmes. Si la Vie propulse les femmes vers des niveaux inégalés d'épanouissement et de liberté, il doit y avoir une raison à cela. Nous devons découvrir comment tirer parti de ce cycle.

Nous avons besoin de nouvelles cartes routières pour trouver notre chemin dans la vie d'aujourd'hui. La société avance en terrain inconnu. Nous commençons tout juste à découvrir l'étendue de ce que nous pourrions accomplir. Prenez donc votre boussole et avancez ! Nous avons toutes beaucoup à apprendre et à offrir. Quelles que soient nos origines sociales, nous pouvons toutes devenir des cartographes et des guides.

Nous naissons seules et nous mourons seules. La façon dont nous meublerons le temps entre les deux nous appartient. Notre créativité et notre potentiel sont infinis. Nous voulons trouver la joie dans nos compétences. Il y en a tant parmi nous qui avons reçu une éducation qui nous a fait douter de notre capacité à prendre soin de nous-mêmes. Il est merveilleux de savoir que nous pouvons y arriver. Il importe de nous répéter souvent ceci : « Quoi qu'il arrive, je sais que je peux y faire face. »

Pour ce qui est de la maturité émotionnelle, les femmes d'aujourd'hui sont au faîte de leur évolution. Nous sommes au meilleur de nous-mêmes. Le moment est donc tout indiqué pour façonner notre destinée. Les progrès que nous faisons aujourd'hui seront la norme de demain pour les femmes du monde entier. Nous découvrirons des possibilités dont nous ne soupçonnons même pas l'existence aujourd'hui. De la même façon, les possibilités qui s'offrent à nous à l'heure actuelle dépassent tout ce que les femmes avant nous ont pu connaître. Le moment est venu de communiquer avec d'autres femmes, d'améliorer la vie de toutes les femmes. Et les hommes verront à leur tour leur vie s'améliorer. Des femmes comblées, satisfaites et heureuses deviennent de merveilleuses partenaires, collègues de travail et de vie. Et les hommes se sentiront infiniment plus à l'aise aux côtés de quelqu'un qui est leur égal !

Nous devons travailler à raffermir les liens entre les femmes, à nous soutenir sur le chemin de notre évolution. Nous n'avons plus le temps de nous concurrencer pour attirer l'attention des hommes. Les femmes sont en train de se réaliser. Il faut apprendre tout ce que nous pouvons pour pouvoir transmettre cette force et ce pouvoir à nos enfants et petits-enfants. Alors, les femmes n'auront plus jamais à subir l'avilissement et l'abus que *nous* avons subi et que nos mères, nos grands-mères et leurs grand-mères ont enduré. Nous atteindrons ce nouveau degré de liberté et de conscience en travaillant ensemble pour que les femmes puissent enfin s'imposer.

Aimez-vous et aimez votre vie !

✳ ✳ ✳ ✳ ✳ ✳

***

Une femme intelligente,

puissante, dynamique,

compétente, sûre d'elle, vivante,

allumée et formidable

réside à l'intérieur de vous.

Laissez-la sortir au grand jour.

Le monde vous attend.

***

⁕ Un mot sur l'auteure ⁕

Conférencière spécialisée dans le domaine de la métaphysique, enseignante et auteure de nombreux best-sellers, **Louise L. Hay** a publié de nombreux ouvrages, dont *Transformez votre vie* et La *vie – Réflexions sur votre parcours*. Ses livres ont été traduits en 29 langues et distribués dans 35 pays. Louise a commencé sa carrière en 1981, à titre de ministre de la Science du mental. Elle a déjà aidé des millions de gens à découvrir et à exploiter leur plein potentiel créateur à des fins de développement personnel et d'auto-guérison. Louise est fondatrice et présidente de Hay House Inc., une maison de production de livres et de documents audio qui contribuent à la guérison de la planète.

Sites Web : **www.LouiseHay.com**® ou **www.LouiseLHay.com**®

Notes

Notes

Notes

Notes

Notes

Notes

Achevé d'imprimer en décembre 2013
sur les presses de la Nouvelle Imprimerie Laballery
58500 Clamecy
Dépôt légal : décembre 2013
Numéro d'impression : 311242

Imprimé en France

La Nouvelle Imprimerie Laballery est titulaire de la marque Imprim'Vert®